爱阅读

5 大要点延伸，精彩再现
极具阅读价值的"经典选本"

阅读领航
——快速洞悉全书结构，教你巧抓重点

阅读准备
——丰富全面的文学常识，助你加深理解

阅读指导
——名师全程陪伴，轻松享受快乐阅读

阅读链接
——分享心得感悟，更多精彩收入囊中

阅读训练
——考查阅读效果，真正实现读写贯通

阅读经典　获益一生

语文 爱阅读

无障碍·导读本

ZHUANGZI XUANZHU

庄子选注

书香文雅／选注

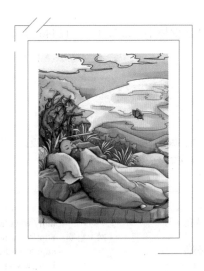

中国教育出版传媒集团

高等教育出版社·北京

图书在版编目（CIP）数据

庄子选注 / 书香文雅选注 . -- 北京：高等教育出
版社 , 2022.8

ISBN 978 - 7 - 04 - 057708 - 2

Ⅰ .①庄… Ⅱ .①书… Ⅲ .①道家②《庄子》- 注释
Ⅳ .① B223.52

中国版本图书馆 CIP 数据核字（2022）第 018546 号

策划编辑 陈 振	责任编辑 陈 振	封面设计 书香文雅	
责任校对 王 雨	责任印制 刁 毅		

出版发行	高等教育出版社	网 址	http://www.hep.edu.cn
社 址	北京市西城区德外大街 4 号		http://www.hep.com.cn
邮政编码	100120	网上订购	http://www.hepmall.com.cn
印 刷	肥城新华印刷有限公司		http://www.hepmall.com
开 本	787mm×1092mm 1/16		http://www.hepmall.cn
印 张	17		
字 数	278 千字	版 次	2022 年 8 月第 1 版
购书热线	010-58581118	印 次	2022 年 8 月第 1 次印刷
咨询电话	400-810-0598	定 价	37.80 元

本书如有缺页、倒页、脱页等质量问题，请到所购图书销售部门联系调换

版权所有 侵权必究

物 料 号 57708-00

总　序

前不久，高等教育出版社"爱阅读"系列丛书总策划与我联系，说他们策划了一套"爱阅读"文库，读者对象主要是中小学生。这套丛书可以作为他们的课外阅读用书，希望我写篇序。作为一名语文教育工作者，在最近"双减"政策的大背景下，我为学生介绍这套优秀课外读物责无旁贷，也觉得更有意义。

一、"双减"以后怎么办？

前不久，中共中央办公厅、国务院办公厅印发了《关于进一步减轻义务教育阶段学生作业负担和校外培训负担的意见》，对减轻义务教育阶段学生作业负担和校外培训负担做出严格规定。我认为这是一件好事。曾几何时，我们的中小学生作业负担重，不少孩子不是在各种各样的培训班里，就是在去培训班的路上。孩子们"学"无宁日，备尝艰辛；家长们焦虑不安，苦不堪言。校外培训机构为了增强吸引力，到处挖墙脚；有些老师受利益驱使，不能安心从教，导致社会怨声载道。他们的行为破坏了教育生态，违背了教育规律，严重影响了我国教育改革发展。教育是什么？教育是唤醒，是点燃，是激发。而校外培训的噱头仅仅是提高考试成绩，让孩子在中高考中占得先机。他们的广告词是"提高一分，干掉千人"，大肆渲染"分数为王"。在这种理念冲击下，孩子们面对的是"分萧萧兮题海寒"，不得不深陷题海，机械刷题。假如只有一部分孩子上培训班，提高的可能是分数。但是，如果大多数孩子或者所有孩子都去上培训班，那提高的就不是分数，只能是分数线。教育的根本任务是立德树人，是培根铸魂，是启智增慧，是培养德智体美劳全面发展的社会主义建设者和接班人，是为中华民族伟大复兴提供人才，而不是培养只会考试的"机器"，更不能被资本所绑架。所以中央才"出重拳""放实招"，减轻学生过重的课业负担，减轻家长过重的经济和精神负担。

"双减"政策出台后，学生们一片欢呼，好像是奴隶翻身得解放，再也不用在各种培训班之间奔波了，但对学校老师来说，这是一个新挑战，当然也是新机遇。学生在校时间增加，这部分增加的时间怎么安排？如何让学生利用好课外时间？这都考验着老师们的智慧。而开展丰富的课外活动正好可以解决这个难题。比如，热爱人文的，可以参加阅读写作、演讲辩论、传统文化、民风民俗等方面的社团活动；喜爱数理的，可以参加科普科幻、研究实验、统计测量、天文观测等方面的兴趣小组；学校也可以组织开展体育比赛、艺术体验（音乐、美术、书法、戏剧）和劳动教育等实践活动。当然这些活动应以培养学生的兴趣爱好为目的，以自愿参加为前提，既不能成为给学生"加码"的课时，也不是教师实施"题海战术"的手段。学校可以通过多方拓展资源开展课后服务，比如利用博物馆、图书馆、科技馆、陈列馆、少年宫、青少年活动中心，甚至校外培训机构的优质服务资源；还可组织志愿服务、社会调查等，促进学生全面发展。

二、课外阅读新机遇

近年来，新课标、新教材、新高考成为语文教育改革的热词。前不久，我在"朋友圈"看到一个视频，视频中说语文在中高考中的地位提高了，难度也加大了。这种说法有一定道理，但并不准确。说它有一定道理，是因为语文能力主要指一个人的阅读和写作能力，而阅读和写作又是一个人综合素养的体现。语文能力强，有利于学习别的学科。比如数学、物理中的应用题，如果阅读能力上不去，读不懂题干，便不能准确把握解题要领，也就没法准确答题。英语中的英译汉、汉译英题更是侧重考查学生的语言表达能力。历史题和政治题往往是通过阅读大段材料，让学生去分析、判断，从而得出自己的结论，并表述自己的观点或看法。从这个意义上说，语文在中高考中的地位提高是有一定道理的。说它不准确，有两个方面的原因：一是语文学科本来就重要，不是现在才变得重要的。之所以产生这种错觉，是因为过去在应试教育的背景下，语文的重要性被弱化了；二是语文考试的难度并没有增加，增加的只是阅读思维的宽度和广度，考试注重考查阅读理解、信息筛选、应用写作、语言表达、批判性思维、辩证思维等关键能力。可以说，实施真正的素质教育必须重视语文。因为语文是工具，是基础。不少家长和教师认为课外阅读浪费学习时间，这主要是教育观念问题。他们之所以有这种想法，无非是认为考试才是最终目的，希望孩子可以把更多时间用在刷题上。其实，他们只看到课标和教材的变化，以为考试还是过去那一套，没有看到考试评价已发生深刻变革。中共中央、国务院印发的《深化新时代教育评价改革总体方案》明确指出："稳步推进中高考改革，构建引导学生德智体美劳全面发展的考试内容体系，改变相对固化的试题形式，增强试题开放性，减少死记硬背和'机械刷题'现象。"显然就是要通过改革教育评价引领素质教育。新高考招生录取强调"两依据，一参考"，即以高考成绩和高中学业水平考试成绩为依据，以综合素质评价为参考。这也就是说，高考成绩不再是高校选拔新生的唯一标准，高校不只看谁考的分数高，而是看谁更有发展潜力，更有创造性，综合素质更高，从而实现由"招分"向"招人"的转变。这绝不是仅凭一张高考试卷能够区分出来的，"机械刷题"无助于全面发展，学生必须在课内学习的基础上，辅之以内容广泛的课外阅读，才能全面提高综合素养。

三、"爱阅读"助力成长

这套书是为中小学生读者量身打造的，符合《语文课程标准》倡导的"好读书、读好书、读整本的书"的课改理念，可以作为学生课内学习的有益补充。我一向认为，要学好语文，一要读好三本书，二要写好两篇文，三要养成四个好习惯。三本书指"有字之书""无字之书"和"心灵之书"，两篇文指规矩文和放胆文，四个好习惯指享受阅读的习惯、善于思考的习惯、乐于表达的习惯和自主学习的习惯。

对于中小学生来说，首先是读好"有字之书"。"有字之书"，有课本，有课外自读课本，还有"爱阅读"这样的课外读物。所以我们不能眉毛胡子一把抓，要区分不同的书，采取不同的读法。一般说来，有精读，有略读。精读需要字斟句酌，需要咬文嚼字，但费时费力。当然也不是所有的书都需要精读，可以根据自己的需要决定精读还是略读。新课标提倡中小学生进行整本书阅读，但是学生往往不能耐住性子读完一整本书。新课标提倡的整本书阅读，主要是针对过去的单篇教学来说的，并不是说每本书都要从头读到尾。教材设计的练习项目也是有弹性的、可选择的，不可能有统一的"阅读计划"。我的建议是，整本书阅读应把精读、略读与浏览结合起来，精读重在示范，略读重在博览，浏览略观大意即可，三者相辅相成，不宜偏于一隅。不仅如此，学生还可以把阅读与写作、读书与实践、课内与课外结合起来。整本书阅读重在掌握阅读方法，拓展阅读视野，培养读书兴趣，养成阅读习惯。

再说写好两篇文。学生读得多了，素养提高了，自然有话想说，有自己的观点和看法要发表。发表的形式可以是口头的，也可以是书面的，书面表达就是写作。写好两篇文，一篇规矩文，一篇放胆文。规矩文重打基础，放胆文更见才气。规矩文要求练好写作基本功，包括审题、立意、选材、结构等方法，掌握记叙文、议论文、说明文、应用文的基本要领和写作规矩。规矩文的写作要在教师的指导下进行。放胆文的写作可鼓励学生放飞自我、大胆想象，各呈创意、各展所长，着力训练应用写作能力、语言表达能力、批判性思维能力和辩证思维能力。放胆文可以多种多样，除了大作文外，也可以写小作文。有兴趣的，还可以进行文学创作，写诗歌、小说、散文、剧本等。

学习语文还要养成四个好习惯。第一，享受阅读的习惯。爱阅读比读什么更重要。每个同学都应该有自己的个性化书单，有的同学喜欢网络小说也没有关系，但需要防止沉迷其中，钻进"死胡同"。这套书就给中小学生课外阅读提供了大量古今中外的名家名作。第二，善于思考的习惯。在这个大众创业、万众创新的时代，创新人才的标准，已不再是把已有的知识烂熟于心，而是能够独立思考，敢于质疑，能够自己去发现问题、提出问题和解决问题，需要具有探究质疑能力、独立思考能力、批判性思维和辩证思维能力。第三，乐于表达的习惯。表达的乐趣在于说或写的过程，这个过程比说得好、写得完美的结果更重要。表达形式可以不拘一格，比如作文、日记、笔记、随语、漫画等。第四，自主学习的习惯。我的地盘我做主，我的语文我做主。不是为老师学，也不是为父母长辈学，而是为自己在精神上的成长学，为自己的未来学。

愿广大中小学生能借助这套书，真正爱上阅读，插上想象的翅膀，飞向未来的广阔天地！

2021 年 10 月 15 日

于京东大运河畔之两不厌居

阅读领航

接受文学名著的滋养，读写贯通，读为写用，读写双升

阅读准备

"庄子生平"，走近庄子，一睹庄子风采；"创作背景"，了解作品创作的时代背景；"作品速览"，把握作品全貌、主题意蕴；"文学特色"，发掘作品深刻的文学价值，增进读者对作品的理解，提高阅读效率。

阅读指导

"名师导读"，指引读者快速知晓章节内容，提高阅读兴趣；"名师点评"，名师妙语，见解独特，视角新颖；"名师注解"，帮助读者更好地理解原文；"精华赏析"，评点章节要旨，发人深省；"延伸思考"，开拓思维，启迪智慧；"知识拓展"，在轻松阅读中开阔视野。

阅读链接

"名家心得"，听听名家怎么说；"读者感悟"，看看别人怎么想，交流阅读体会；"延伸阅读"，帮读者丰富文学知识，增强艺术感受力。

阅读训练

"真题演练"，考查阅读能力，巩固阅读成果；"写作出击"，回顾精彩名篇，书写内心真实感受，视野独特、内容丰富的写作知识，为读者的写作保驾护航！

阅读指导 应帝王

应帝王

名师导读

本篇论述帝王如何治理天下，体现了庄子不治为治、无为而治的为政思想。全篇大部分为寓言故事。这些故事除了阐明主旨，还体现出庄子朴素的宇宙观。

啮缺问于王倪，四问而四不知。啮缺因跃而大喜，行以告蒲衣子[1]。蒲衣子曰："而乃今知之乎？有虞氏不及泰氏[2]。有虞氏，其犹藏仁以要[3]人，亦得人矣，而未始出于非人。泰氏，其卧徐徐[4]，其觉于于[5]，一以己为马，一以己为牛；其知情信，其德甚真，而未始入于非人。"

肩吾见狂接舆，狂接舆曰："日中始[6]何以语

名师注解

① 蒲衣子：人名，传说中的古代贤人。
② 泰氏：即伏羲。
③ 要：笼络。
④ 徐徐：安闲、缓慢的样子。
⑤ 于于：即"迂迂"，舒缓的样子。
⑥ 日中始：虚构的人物。

97

名师导读 指引读者快速知晓章节内容，提高阅读兴趣。

名师点评 名师妙语，见解独特，视角新颖。

读书笔记 开动大脑，帮读者梳理读书心得。

名师注解 帮助读者更好地理解原文。

精华赏析 评点章节要旨，发人深省。

延伸思考 开拓思维，启迪智慧。

知识拓展 在轻松阅读中开阔视野。

阅读指导 齐物论

精华赏析

"齐物"和"齐论"是庄子哲学思想的重要组成部分，也是他能超出其他同时代哲学家的原因所在。他看到了客观事物之间区别，看到了事物之间的对立统一，甚至看到了对立双方的相互转化。因此，他提出了万物是毫无差别的这一结论。虽然在今天看来这结论有失偏颇，但在当时已实属难能可贵。

延伸思考

1. 通过《齐物论》的学习，你学到了什么道理？
2. 通过本篇的学习，你记住了哪些成语？试举例说明。

知识拓展

"探骊得珠"语出《庄子·列御寇》。骊是古代传说中的一种黑色的龙。探骊得珠就是在骊龙的额下取得宝珠的意思，用来特指留下重大的风险得到了丰厚的报偿。后来常常用来比喻作文能得命题的精蕴。

历史上流传着一件关于"探骊得珠"的故事。唐代中期，元稹、刘禹锡、韦楚客等在白居易家中相聚，约定各赋《金陵怀古》一首，刘禹锡先完成，已得命题精髓。于是其余几人只能作罢。白居易感叹言："四人探骊珠，子先获珠，所余鳞甲何用？"刘禹锡的诗为：王濬楼船下益州，金陵王气黯然收。千寻铁锁沉江底，一片降幡出石头。人世几回伤往事，山形依旧枕寒流。从今四海为家日，故垒萧萧芦荻秋。

237

Yuedu Linghang

VII

齐物论

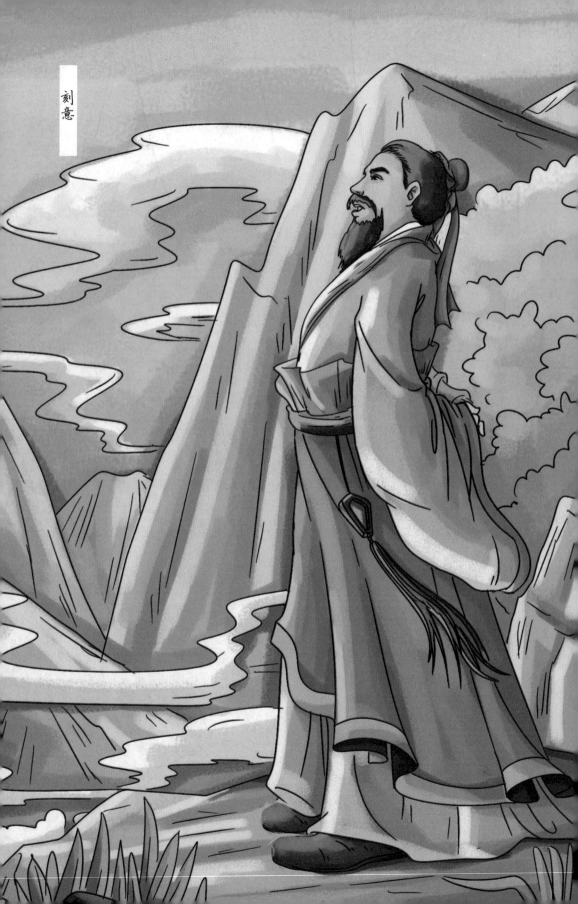

秋水

至乐

渔父

目录

爱阅读

庄子选注

不容错过的经典

目录

爱阅读

庄子选注

不容错过的经典

庄子生平

庄子名周，生卒年不详，为战国宋国蒙人，与魏惠王、齐宣王属于同一时代。庄子的祖上是楚国的公族，后来因为吴起变法，楚国发生内乱，先人为避夷宗之罪迁至宋国蒙地。庄子曾做过漆园吏，因向往自由、鄙弃荣华富贵，最后毅然弃官归隐，过起了清贫的生活。

庄子

庄子与老子合称"老庄"，是先秦道家思想的集大成者。他继承并发展了老子的学说，与儒家等流派共同促成了战国时期"百家争鸣"的盛况。

创作背景

在庄子所生活的战国中晚期，周朝已经名存实亡，统治阶级内部尔虞我诈，臣子弑君之事接连发生，诸侯国之间兼并战争不断，社会礼崩乐坏。战国中期逐渐出现了齐、楚、燕、韩、赵、魏、秦七个实力强劲的诸侯国。战争给人民带来了无尽的灾难，人民生活困苦不堪。庄子因此对政治产生了强烈的憎恶感，开始反对这些不正义的兼并战争，同情百姓的悲惨遭遇。他提出"无为适己"的主张，开始思考在苦难的现实中如何度过短促的一生，如何摆脱束缚，找到一条通往精神自由的路。

作品速览

　　《庄子》一书是庄子及其学生所著，唐以后又被称为《南华经》，是道家的经典著作。《庄子》最早见于《汉书·艺文志》，该书记载"《庄子》五十二篇"。然而现在流传的《庄子》一书只有三十三篇，为晋代郭象的注本，书中收录的内篇共七篇，外篇共十五篇，杂篇共十一篇。

　　关于《庄子》一书中各篇的辨伪，学术界存在着不同的看法。一般认为：内篇为庄子自著；外篇为庄子和学生共同完成；杂篇情况复杂，有一些文章与庄子毫无关系，为后人伪托其名而作。宋代的苏轼是第一个提出质疑的学者。他在《庄子祠堂记》中质疑，认为《让王》《说剑》《盗跖》《渔夫》四篇并非出自庄子之手。后世不少学者或从文风，或从历史事件出发研究各篇的归属。不少学者认为《说剑》一篇不是庄子所作，因为《说剑》中所记与庄子生活的年代不符，且内容为纵横家言，与庄学无关。

文学特色

　　《庄子》是我国先秦时期一部杰出、深刻、优美的哲学散文集，在中国文学史、哲学史、美学史上都占据着非常重要的地位。庄子用波诡云谲的奇特想象、汪洋恣肆的文笔，将自己对人生、自然、人与自然关系的思考全部融入这部著作里，让后人能够在诗意盎然的阅读享受中，感知人生智慧、生存哲理。当然《庄子》的思想并不是完美无缺的，精华与糟粕并存。我们在阅读与研究的过程中，要学会批判继承的方法，取其精华、去其糟粕。

　　这里，我们将从哲学思想和创作手法两个大方面进行阐述：

哲学思想

1. 继承了老子学说，秉承"道法自然"这一道家思想。庄子认为：万物以"道"为本体，"通乎道，合乎德""天地大美即为道"；人处于自然之中，自然就是美的，人类无须对它进行改造，要以"自然为宗"，"复归于朴"，这其中包含了庄子的无为思想；"天地有大美而不言，四时有明法而不议，万物有成理而不说"。

2. 追求精神的绝对自由。对精神自由的追求是庄子哲学思想的核心，《庄子》中的篇目基本上都暗含了庄子对自由之路的探寻，在《逍遥游》一篇中，表达得最为明确。庄子认为想要达到精神上的绝对自由，要通过"心斋"和"坐忘"，摒弃一切人为的束缚和功利欲望，诸如生死、功名、利禄、得失等，达到物我两忘，真正做到"无己""无功""无名"。只有这样，才能"无所待游于无穷"，实现精神的绝对自由。不过，这种追求精神的绝对自由是不可能实现的，因为人无法脱离客观存在的制约。

3. 提出认识论上的相对性。老子认为事物之间存在着相互依存、相互转化的关系，庄子在这一基础上发展了这一认识论。他认为"道"是世界上唯一的一个绝对存在，其他事物的存在都是相对的，"物无非彼，物无非是"，"彼出于是，是亦因彼"，"是亦彼也，彼亦是也"，"彼亦一是非，此亦一是非"（《齐物论》）。庄子的这一相对论认识推动了人类认识世界的发展，给人们观察世界提供了理论依据。

4. 坚持"万物齐一"。在庄子看来，世界上一切对立的事物之间没有差别：生与死、荣与辱、大与小、成与败是"齐一"的。齐生死、等万物，否定了人类的自我中心，世上万物平等，无尊卑贵贱之别。但抹杀客观存在的一切差异，又使庄子陷入了唯心主义的泥沼。

创作手法

1. 庄子善用讽刺的腔调、幽默的笔法揭露当权者的残暴虚伪、趋炎附势之人的无耻和世上的丑恶现象。在《则阳》里，庄子把诸侯之间的不正义战争讽刺为蜗牛拿角互相厮杀；《外物》里写庄周向监河侯借粮，监河侯却回答："诺，我将得邑金，将贷子三百金。"当权者的虚伪狡诈的嘴脸表露无遗；《列御寇》中记叙了小人曹商为王办事有功受到奖赏，转而向庄子炫耀："夫处穷闾厄巷，困窘织屦，槁项黄馘者，商之所短也；一悟万乘之主而从车百乘者，商之所长也。"巴结奉承的可怜相跃然纸上。

2.行文中语言表现形式多元，如有叙事、议论、描绘等，再加上比喻、夸张等修辞手法交叉运用，使文章富于变化、曲折生动。这也是庄子笔下刻画的人物、动物惟妙惟肖的原因之一。

3.庄子散文气势恢宏雄奇，意境怪诞壮阔。《逍遥游》里描述鲲鹏展翅高飞时写道："鹏之背，不知几千里也；怒而飞，其翼若垂天之云""鹏之徙于南冥也，水击三千里，抟扶摇而上九万里"；《秋水》描述"秋水时至，百川灌河，泾流之大，两涘渚崖之间，不辨牛马。"如此宏大的场面恐怕只有庄子能够写得出来。庄子在《人间世》中描写栎社树大得能遮蔽数千条牛，树身高得能超过旁边的山十余丈才分出树杈。而至于怪诞的描写，在《人间世》《德充符》中都有体现，文中塑造的肢体不全、奇丑无比的人，留给人以无尽的联想。

4.庄子的语言凝练传神、词汇丰富。现在使用的很多成语都是从《庄子》里流传下来的，比如"东施效颦""望洋兴叹""邯郸学步""朝三暮四""螳臂当车""相濡以沫"等。

逍遥游

名师导读

　　本篇是《庄子》最具代表性的篇目之一，全文充满了奇丽的想象和浪漫的色彩，庄子通过运用生动的寓言和比喻表达出余味无穷的哲思，形成其独特的风格。《逍遥游》是庄子哲学思想的一个重要构成部分。全篇反复阐述无所依凭的主张，推崇精神上的绝对自由。

　　北冥①有鱼，其名为鲲②。鲲之大，不知其几千里也。化而为鸟，其名为鹏③。鹏之背，不知其几千里也；怒④而飞，其翼若垂⑤天之云。是鸟也，海运⑥则将徙于南冥。南冥者，天池⑦也。

名师注解

① 北冥：北海。冥，通"溟"，幽深。下文"南冥"指的是南海。

② 鲲：大鱼名。

③ 鹏：大鸟名。

④ 怒：振奋，奋力的样子。

⑤ 垂：通"陲"，边际。

⑥ 海运：即海动。海动时必起大风，鹏则乘风而徙于南海。

⑦ 天池：自然形成的大池。池，海。

北海里有一条大鱼，它的名字叫作鲲。鲲的躯体很大，真不知道大到几千里。鲲变化成为鸟，它的名字叫作鹏。鹏的脊背真不知道长到几千里；当它振翅而飞的时候，那展开的翅膀就像天边的云。这只大鸟，乘着海动产生的大风迁徙到南海去了。南海，是一个天然形成的大池。

　　《齐谐①》者，志怪②者也。《谐》之言曰："鹏之徙于南冥也，水击③三千里，抟扶摇④而上者九万里，去以六月息⑤者也。"野马⑥也，尘埃也，生物之以息相吹也。天之苍苍⑦，其正色⑧邪？其远而无所至极邪？其视下也⑨，亦若是则已矣。

　　且夫水之积也不厚，则其负⑩大舟也无力。覆杯水于坳堂之上，则芥为之舟；置杯焉则胶，水浅而舟大也。风之积也不厚，则其负大翼也无力。故九万里，

名师注解

① 齐谐：书名。出于齐国，内容多诙谐怪异。

② 志怪：记载怪异的事情。志，记述。

③ 水击：两翼击水飞行，拍打水面。

④ 抟：环绕。扶摇：盘旋而上的暴风，也叫作"飙"。

⑤ 息：停息。

⑥ 野马：指浮游的水气，因为它浮动起来好像野马奔腾一样。

⑦ 苍苍：深蓝色。

⑧ 正色：本色。

⑨ 其视下也：鹏鸟在空中向下看。

⑩ 负：承载。

则风斯在下矣，而后乃今培^①风；背负青天而莫之夭阏者，而后乃今将图南。

参考译文

　　《齐谐》是一部专门记载怪异事情的书，这本书记载说："鹏鸟迁徙到南方的大海，翅膀拍击水面激起三千里的波涛，海面上急骤的狂风盘旋而上直冲九万里高空，离开北海六个月后才停歇下来。"春日林泽原野上蒸腾浮动犹如奔腾的雾气，低空里沸沸扬扬的尘埃，都是大自然里各种生物的气息吹拂所致。天空是那么湛蓝，难道这就是它真正的颜色吗？或者是因为高旷辽远而没法看到它的尽头？大鹏鸟从高空往下看，看见的应该也是这个样子。

　　江河如果积水不深，它就没有负载一艘大船的力量。在堂前低洼的地方倒上一杯水，一棵小草就能被当作是一艘船，放一个杯子在上面就会被粘住，这是水浅而船大的原因。风聚积的力量不够大，就没有力量承载鹏的巨大翅膀。所以，鹏鸟高飞九万里，狂风就在它的身下，然后才能凭借风力飞行，背负着青天毫无阻挡，然后才开始朝南飞。

名师点评

透过鹏鸟与蜩、学鸠的对比，点出生命境界的不同，借此点出"小知不及大知，小年不及大年"的"小大之辨"。

　　蜩^②与学鸠^③笑之曰："我决起^④而飞，抢^⑤榆枋，时则不至，而控^⑥于地而已矣，奚以之九万里而南为？"适莽苍者，三餐而反，腹犹果然；适百里者，宿

名师注解

① 培：依靠，凭借。

② 蜩：蝉。

③ 学鸠：小斑鸠。

④ 决起：急速飞起。

⑤ 抢：撞到。

⑥ 控：投下，落下。

春粮；适千里者，三月聚粮。之二虫又何知！

小知①不及大知，小年不及大年。奚以知其然也？朝菌②不知晦朔，蟪蛄③不知春秋，此小年也。楚之南有冥灵④者，以五百岁为春，五百岁为秋；上古有大椿者，以八千岁为春，八千岁为秋。而彭祖乃今以久特闻，众人匹之，不亦悲乎？

名师点评

这里如果仍用大年接句，便味同嚼蜡。转用彭祖一句，使人于言外领其神味。

汤之问棘⑤也是已："穷发⑥之北，有冥海者，天池也。有鱼焉，其广数千里，未有知其修者，其名为鲲。有鸟焉，其名为鹏，背若太山，翼若垂天之云；抟扶摇羊角⑦而上者九万里，绝云气，负青天，然后图南，且适南冥也。斥鷃笑之曰："彼且奚适也？我腾跃而上，不过数仞而下，翱翔蓬蒿之间，此亦飞之至也。而彼且奚适也？"此小大之辩也。

名师点评

小与大的境界差别，就是能否超脱外在事物的负累。

参考译文

寒蝉和小斑鸠讥笑大鹏说："我们从地面奋力而飞，遇到榆树和檀树就停下来，有时候飞不上去，就落在了地上。为什么要飞

名师注解

① 知：通"智"，智慧。
② 朝菌：就是朝生暮死的生物，因为见日而死，所以不知道晦朔。
③ 蟪蛄：蝉的一种。
④ 冥灵：神话中的树木名。
⑤ 汤：指商汤，殷商的第一个国君。棘：即夏革，是商代著名的贤人。
⑥ 穷发：不长草木的地方，即不毛之地。
⑦ 羊角：旋风。

九万里到南海去呢？”到近郊去的人，只需要携带当天吃的三餐粮食，回来的时候肚子还是饱饱的；到百里之外的人，要用一整夜时间舂米准备干粮；到千里之外的人，需要备办三个月的粮食。蝉和小斑鸠又知道什么呢！

这就是小智慧比不上大智慧，寿命短的比不上寿命长的。怎么知道这个道理的呢？朝生暮死的生物不知有黑夜与黎明。春生夏死、夏生秋死的蝉，不知道一年为何物，这就是短命。楚国的南方有一种叫冥灵的树，将五百年当作一春，将五百年当作一秋。相传上古时代有一种树叫作大椿，将八千年当作一春，八千年当作一秋。而活了七百来岁的彭祖至今还因长寿而闻名于世，众人都想与他相比，不也可悲吗？

商汤询问棘的话是这样的："在那草木不生的北方，有一个很深的大海，那就是'天池'。那里有一种鱼，它的脊背有好几千里，没有人能够知道它有多长，它的名字叫鲲。有一种鸟，它的名字叫鹏，它的脊背像座大山，展开双翅就像天边的云。鹏鸟奋起而飞，翅膀拍击急速旋转向上的气流直冲九万里高空，穿过云气，背负青天，这才向南飞去，打算飞到南方的大海。小泽里的麻雀讥笑鹏说：'它打算飞到哪里去呢？我一跳就飞起来，不过数丈高就落下来，在蓬蒿丛中盘旋，这也是我飞翔的极限了。而它还要飞到哪里去呢？'"这是眼界大和小的分别。

故夫知效^①一官，行比^②一乡，德合一君，而徵^③一国者，其自视也亦若此矣。而宋荣子^④犹然笑之。且举世而誉之而不加劝，举世而非之而不加沮，定乎内外之

名师点评

这里用宋荣子的反应点出了庄子所提倡的思想，即无为、无己。与大鹏相比，人的一生充满不自由，重负之下，仍然想立言、立名，不如效仿列子御风而行。

名师注解

① 故夫：所以。夫为语气词。效：胜任。

② 行：品德行为。比：出众。

③ 而：通"能"，能力，才能。徵：取信。

④ 宋荣子，即宋钘，宋国人，生卒年均不详。

分，辩乎荣辱之境，斯已矣。彼其于世，未数数然也。虽然，犹有未树也。

夫列子御①风而行，泠然②善也，旬有五日而后反。彼于致福者，未数数然也。此虽免乎行，犹有所待③者也。

若夫乘天地之正，而御六气之辩，以游无穷者，彼且恶乎待哉！故曰：至人无己，神人无功，圣人无名。

尧④让天下于许由⑤，曰："日月出矣，而爝火不息，其于光也，不亦难乎！时雨降矣，而犹浸灌，其于泽也，不亦劳乎！夫子立而天下治，而我犹尸之，吾自视缺然⑥。请致天下。"许由曰："子治天下，天下既已治也。而我犹代子，吾将为名乎？名者，实之宾也。吾将为宾乎？鹪鹩⑦巢于深林，不过一枝；偃鼠⑧饮河，不过满腹。归休乎君，予无所用天下为！庖人虽不治

名师点评

这里借用尧与许由的对话，进一步阐释"无己"的思想。"无己"是摆脱各种束缚和依据的途径，只有做到真正地忘掉自己、忘掉一切，才能达到逍遥的境地。

名师注解

① 列子：姓列名御寇，郑国人，春秋时期思想家。御：驾驭。

② 泠然：轻飘美妙的样子。

③ 有所待：指依赖于风。待，凭借，依靠。

④ 尧：传说为上古时期贤明的君主，是儒家理想的圣主形象。

⑤ 许由：隐士名。

⑥ 缺然：不足的样子。

⑦ 鹪鹩：一种鸟，很善于筑巢。

⑧ 偃鼠：鼹鼠。

庖，尸祝^①不越樽俎^②而代之矣。"

参考译文

　　所以，那些才智足以胜任一个官职，品行在乡里出众，德行能使国君满意又能取信一国人民的人，他们看待自己，也像上面说的那只小鸟一样。而宋荣子对这种人加以嘲笑。宋荣子这个人，世上的人们都赞誉他，他不会因此越发努力，世上的人们都非难他，他也不会因此而更加沮丧。他能认定自己和外物的区别，分辨清楚荣辱的界限，就觉得不过如此而已。他对待人世间的一切，并没有拼命去追求。尽管这样，他还是有无法达到的境界。

　　列子乘着风前行，飘然自得，那样子实在轻盈美好，十五天后方才返回。列子对于求福的事，从来没有急急忙忙去追求。他这样做虽然免除了行走的劳苦，但还是有所凭借的。

　　若能够顺应天地万物的本性，乘着六气的变化，遨游于无穷的境地，他还依赖些什么呢？所以说：得道的人能达到忘我、超越功利和超脱物外束缚的境界。

　　尧要把天下让给许由，说："日月已经高升天空，而小火把还不熄灭，它的亮度，要和日月相比不是很难的吗？季雨及时降落了，可是人工还在不停地浇水灌地，这对于整个大地的润泽，不显得徒劳吗？先生能居于国君之位，天下一定会大治，而我还徒居其位，我自己感到惭愧极了，请允许我把天下交给你。"许由回答说："你治理天下，天下已经获得了大治，而我再接替你，我难道是为名利而来的吗？名，是实体的派生之物，我难道要去追求这派生的东西吗？鹪鹩在深林中筑巢，不过占有一根树枝；鼹鼠饮河水，只是喝饱肚子。请你回去吧，我用不着这天下！厨子虽然不下厨，主祭的人却不应该越越权限而代行厨子的职事。"

名师注解

① 尸祝：主持祭祀的人。

② 樽俎：酒杯以及盛肉的器皿，此处指在厨房所从事的事情。

肩吾问于连叔曰①："吾闻言于接舆②，大而无当，往而不返③。吾惊怖其言，犹河汉而无极也；大有迳庭，不近人情焉。"

连叔曰："其言谓何哉？"

曰："'藐姑射之山④，有神人居焉，肌肤若冰雪，淖约若处子⑤；不食五谷，吸风饮露，乘云气，御飞龙，而游乎四海之外。其神凝，使物不疵疠而年谷熟⑥。'吾以是狂而不信也。"

连叔曰："然！瞽者无以与乎文章之观⑦，聋者无以与乎钟鼓之声。岂唯形骸有聋盲哉？夫知亦有之。是其言也，犹时女也。之人也，之德也，将旁礴万物以为一，世蕲⑧乎乱，孰弊弊⑨焉以天下为事！之人也，物莫之伤，大浸稽天而不溺，大旱金石流、土山焦而不热。是其尘垢秕糠⑩，将犹陶铸尧舜者也，孰肯以物为事。"

名师注解

① 肩吾、连叔：二者都是神话传说中的人物，乃得道的隐士或山神，事迹不可考。

② 接舆：孔子时的隐士，《论语》说他是楚之狂人。

③ 大而无当：堂皇而不切实际。当，底。往而不返：这里指说开去就收拢不回来。意思是漫无边际。

④ 姑射：山名，又名石孔山，在今山西临汾西。

⑤ 淖约：姿态柔美的样子；淖，通"绰"。处子：处女。

⑥ 疵疠：灾害疫病。年谷：指庄稼。

⑦ 瞽者：盲人。与：参与，指参与欣赏。文章：文彩。观：景象。

⑧ 蕲（qí）：企求。

⑨ 弊弊：忙碌疲惫的样子。

⑩ 秕糠：秕谷和谷皮，以此来比喻琐碎无用的东西。

宋人资章甫①而适诸越，越人断发文身，无所用之。尧治天下之民，平海内之政，往见四子藐姑射之山，汾水之阳，窅然丧②其天下焉。

参考译文

肩吾向连叔请教说："我从接舆那里听到的谈话，大话连篇而不着边际，侃侃而谈而离题万里。我十分惊恐于他的言谈，就好像天上的银河没有边际，与一般人的言谈相差太远，确实是不近情理啊。"

连叔问："他都说了些什么呢？"

肩吾转述道："'在遥远的姑射山上，住着一位神人，他的皮肤像冰雪那样洁白，体态像少女一样柔美，不吃五谷，吸清风饮甘露，乘云气驾飞龙，遨游于四海之外。他的神情那么专注，使得世间万物不受病害，年年五谷丰登。'我认为这全是虚妄的话，不值得相信。"

连叔听后说："是呀！瞎子是没法欣赏花纹和色彩的，聋子是没法聆听钟鼓的乐声的。难道只是形体上有聋子和瞎子吗？思想上也有聋子和瞎子啊！这话似乎就是说的你呀，肩吾。那位神人，他的德行，混同万物为一体，世人却企求他来治理天下，他怎么会忙忙碌碌把管理天下当回事！像他那样的人，外物无法伤害他，滔天的洪水也不能淹没他，天下大旱使金石熔化、土山焦裂，也不能使他感到炽热。神人留下的尘埃以及瘪谷糠麸之类的废物，也可造就出尧舜那样的圣贤人君来，他哪里会把管理天下当回事呢！"

北方的宋国有人将帽子贩卖到南方的越国，越国人不蓄头发满身刺着花纹，没什么地方用得着帽子。尧治理好天下的百姓，安定了海内的政局，到姑射山上、汾水北面，去拜见四位得道的高士，闻道后不禁怅然若失，忘记了自己的天下了。

名师注解

① 章甫：古代的一种礼帽。诸：于。

② 窅（yǎo）：通"杳"。窅然：深远的样子。丧：遗忘。

惠子①谓庄子曰："魏王②贻③我大瓠④之种。我树之成，而实五石，以盛水浆，其坚不能自举也；剖之以为瓢，则瓠落⑤无所容。非不呺然大也，吾为其无用而掊之。"

庄子曰："夫子固拙于用大矣。宋人有善为不龟手之药者，世世以洴澼絖为事。客闻之，请买其方以百金。聚族而谋曰：'我世世为洴澼絖，不过数金；今一朝而鬻技百金，请与之。'客得之，以说吴王。越有难，吴王使之将，冬与越人水战，大败越人，裂地而封之。能不龟手，一也；或以封，或不免于洴澼絖，则所用之异也。今子有五石之瓠，何不虑以为大樽而浮于江湖。而忧其瓠落无所容？则夫子犹有蓬之心也夫！"

惠子谓庄子曰："吾有大树，人谓之樗⑥。其大本臃肿而不中绳墨，其小枝卷曲而不中规矩，立之涂，匠者不顾。今子之言，大而无用，众所同去也。"

庄子曰："子独不见狸狌⑦乎？卑身而伏，以候敖者；东

名师注解

① 惠子：宋国人惠施，曾任梁惠王相，是先秦名家学派的代表人物。

② 魏王：即魏惠王，因魏国迁都大梁，所以也被称为梁惠王。

③ 贻：赠送。

④ 大瓠（hù）：大葫芦。

⑤ 瓠落：连绵词，也称廓落，形容极其庞大的东西。

⑥ 樗（chū）：木名，俗称臭椿树，一种落叶乔木，因木质较差而没法使用。

⑦ 狸狌：狸猫和黄鼠狼。

西跳梁，不避高下；中于机辟^①，死于罔罟。今夫斄

牛^②，其大若垂天之云。此能为大矣，而不能执鼠。今

子有大树，患其无用，何不树之于无何有之乡。广莫

之野，彷徨^③乎无为其侧，逍遥乎寝卧其下。不夭斤

斧^④，物无害者，无所可用，安所困苦哉！"

名师点评

惠子与庄子的对话，重点阐释的是有用和无用的关系。庄子认为人不能为物所滞，要将无用当成有用，只有顺乎自然，才能见到生命的真实样貌，从而追求悠然自得的生活旨趣，彰显生命的"大用"。

 参考译文

惠子对庄周说："魏王送给我大葫芦的种子，我种下后结出的葫芦大到有五石的容积。用葫芦盛水，它因质地太脆而没法提举。把葫芦剖开做成瓢，它又太大，没有适合它装盛的东西。我不是觉得它不够大，而是因为它没有用处，因此把它砸了。"

庄周说："先生真不善于大处着眼。宋国有个人善于制作防止手冻裂的药，他家世世代代都以漂洗丝絮为职业。有个游客听说了，想要用一百金来买他的药方。这个宋国人召集全家商量说：'我们世代从事漂洗丝絮，一年所得也只是区区数金；如今只要将这个药方卖给他，很快就能得到百金，就卖掉它吧。'游客买到了药方，就去游说吴王。那时正逢越国发难，吴王就命他为将，在冬天跟越国人展开水战，大败越军，吴王拿出土地封赏他。同样是可用来防止裂手的药方，有人因此得到封赏，有人却只是用来漂洗丝絮，这是因为使用方法不同啊。如今你有五石容积的大葫芦，怎么不考虑用它来制成腰舟，而浮游于江湖之上，却担忧葫芦太大无处可容？看来先生你还是心窍不通啊！"

名师注解

① 机辟：用来捕捉动物的器具。

② 斄（lí）牛：牦牛。

③ 彷徨：犹疑不决，不知往哪个方向去。

④ 夭：夭折。斤：大斧头。

惠子又对庄子说:"我有棵大树,人们都叫它'樗'。它那树干上有许多赘瘤,不符合绳墨取直的要求,它的树枝弯弯曲曲,也不符合圆规和角尺取材的需要。它虽然生长在道路旁,但木匠不知道怎样处置它。现在你说的那段话,大而无用,大家都不愿再听了。"

庄周说:"你难道没见过狸猫和黄鼠狼吗?它们低下身子伏在地上,等待捕食来来往往的小动物;(捉小动物时)东跳西跃,不避高低,往往却陷进机关陷阱,死于网中。还有那牦牛,它大得像天边的云;身强力大却不能捕鼠。现在,你有一棵大树,担心它没有用处,为什么不把它种在空旷的地方,或者是广阔无边的原野,犹疑苦恼的时候徘徊在它的旁边,也可以自由自在地躺在树下;这样大树就不会遭到斧头的砍伐,也没有什么东西会伤害它。它没有用处,又哪里会有困苦呢!"

延伸思考

通过本章的学习,你觉得"大鹏"是一种什么样的鸟?蜩和学鸠又是一种什么样的鸟?如果将自己想象成一种鸟,你更愿意做哪一种?为什么?

知识拓展

列子拒粟

列子,名寇,又名御寇,战国时期思想家,郑国人。除了能够御风而行,列子拒粟的事迹也被流传下来。列子安贫乐道,因此常常挨饿。有人劝郑国宰相子阳帮助列子,以博个好名声。于是子阳就派人送给列子十车粮食,列子再三致谢,却坚决不收。列子的妻子埋怨他说:"我听说得道的人,他的妻子和孩子都生活得很好,而我却常常挨饿。宰相送你粮食,你却不要,我命真苦啊!"列子对妻子说:"子阳并不是真的了解我,他是听了别人的话才给我送粮的。他以后也可能听别人的话而怪罪我,所以我不能接受他的粮食。"过了一年,郑国发生动乱,子阳被杀,其党羽大多被株连,而御寇却没有受到牵累。

齐物论

名师导读

　　《齐物论》是《庄子》又一篇颇具代表性的篇目。"齐物论"包括"齐物"和"齐论"两个方面，与"逍遥游"一起构成了庄子哲学体系的主体。庄子看到了客观事物之间存在着区别，看到了事物对立统一的关系，以及对立双方的相互转化，因而此篇在哲学史上具有极其重要的价值。

　　南郭子綦①隐机②而坐，仰天而嘘③，荅焉④似丧其耦。颜成子游⑤立侍乎前，曰："何居乎？形固可使如槁木⑥，而心固可使如死灰乎？今之隐机者，非昔之隐机者也。"子綦曰："偃，不亦善乎，而问之也！今者吾丧我，汝知之乎？汝闻人籁而未闻地籁，汝闻地籁而未闻天籁夫⑦！"

　　子游曰："敢问其方。"子綦曰："夫大块⑧噫气，其名

名师注解

① 南郭子綦（qí）：楚人，住城郭南端，因此得名。

② 隐机：靠着几案。隐，倚靠。机，通"几"。几案，小方桌。

③ 嘘：吐气。

④ 荅（tà）焉：形体死寂的样子。

⑤ 颜成子游：姓颜，名偃，字子游，死后谥"成"，故称颜成子游，南郭子綦的学生。

⑥ 槁木：干枯的木头。

⑦ 天籁：指各物因其各自的自然状态而自鸣。

⑧ 大块：大地。噫气：本指人呃逆出气，这里说天地吐气。

名师点评

全文以子綦进入无我境界开篇，生动地描写出自然界的不同声响，运用气势磅礴而又生动形象的排比，指出这些声响全都由自身发出，为下文的论述做铺垫。

为风。是唯无作，作则万窍怒呺。而独不闻之寥寥①乎？山林之畏佳②，大木百围之窍穴，似鼻，似口，似耳，似枅，似圈，似臼，似洼者，似污③者；激者，謞者，叱者，吸者，叫者，譹者，宎者，咬者，前者唱于而随者唱喁。泠风④则小和，飘风则大和，厉风济则众窍为虚。而独不见之调调、之刁刁乎⑤？"

子游曰："地籁则众窍是已，人籁则比竹⑥是已。敢问天籁。"子綦曰："夫吹万不同，而使其自己也，咸其自取，怒者其谁邪？"

参考译文

南郭子綦靠着几案而坐，仰头向上缓缓地吐气，那离神去智的样子真像精神脱离了躯体。他的学生颜成子游站立侍奉在跟前，说："为什么会这样？形体诚然能够使它像干枯的树木，精神和思想难道也能够使它像死灰那样吗？您今天凭几而坐，跟以往凭几而坐的情景大不相同呢。"子綦说："偃，你这个问题不是问得很好吗？今天我忘却了自己，你知道吗？你听见过'人籁'却没有听见过'地籁'，你听见过'地籁'却没有听见过'天籁'吧！"

名师注解

① 寥寥：悠长的风声。

② 畏佳：崔嵬，山陵高峻的样子。

③ 污：小池塘。

④ 泠风：微风。

⑤ 调调、刁刁：草木被风吹动的样子。

⑥ 比竹：多支竹管并列而成的乐器，如笙竽之类。比，并。

　　子游问："冒昧地请问它们的含意是什么？"子綦说："大地吐出的气，名字叫风。风不发作就算了，一旦发作，整个大地上数不清的窍孔都同时怒吼。你没有听过那呼呼的大风声吧！山林高峻的地方，百围粗的大树上有无数的窍孔，有的像鼻子，有的像嘴，有的像耳朵，有的像圆柱上插入横木的方孔，有的像羊圈的栏圈，有的像舂米的臼窝，有的像池沼，有的像泥潭。它们发出的声音，有的像湍急的流水声，有的像迅疾的箭镞声，有的像大声的呵斥声，有的像细细的呼吸声，有的像放声叫喊，有的像号啕大哭，有的像沉吟声，有的像哀叹声，真好像前面在领唱，后面在附和一样。清风徐徐就有小小的和声，长风呼呼就有大的反响，迅猛的暴风突然停歇了，万般窍穴也就寂然无声。你难道没有看见过大风刮起时树木随风摇曳的情景吗？"

　　子游说："地籁是从万种窍穴里发出的声音，人籁是从各种不同的竹管里发出的声音。那么请问什么是天籁呢？"子綦说："风吹千万个窍穴所发出的声音，都是从他们本身所发出的，都是出于自身，此外发动者还能有谁呢？"

　　大知闲闲[1]，小知间间[2]；大言炎炎[3]，小言詹詹[4]。其寐也魂交[5]，其觉也形开，与接为构，日以心斗。缦[6]者，窖者，密者。小恐惴惴，大恐缦缦。其发若机栝，其司[7]是非之谓也；其留如诅盟，其守胜之谓也；其杀[8]若秋冬，以言其日消也；其溺之所为之，不可使复之也；其厌也如缄，以言其老洫也；

名师注解

① 闲闲：广博安详的样子。

② 间间：固执偏狭的样子。

③ 炎炎：猛烈，这里指人说话气势很足。

④ 詹詹：啰嗦不休。

⑤ 魂交：神魂交错。

⑥ 缦：缓慢、不精神的样子，通"慢"。

⑦ 司：通"伺"，伺机。

⑧ 杀：衰，精神不振。

近死之心，莫使复阳也。喜怒哀乐，虑叹变慹①，姚佚启态。乐出虚，蒸成菌。日夜相代乎前，而莫知其所萌。已乎，已乎！旦暮得此，其所由以生乎！

非彼无我，非我无所取②。是亦近矣，而不知其所为使。若有真宰，而特不得其朕。可行已信，而不见其形，有情而无形。百骸、九窍、六藏，赅而存焉，吾谁与为亲？汝皆说③之乎？其有私焉？如是皆有为臣妾乎？其臣妾不足以相治乎？其递相为君臣乎？其有真君④存焉？如求得其情与不得，无益损乎其真。

一语道尽世人陷于纷争的痛苦和悲哀。

一受其成形，不亡以待尽。与物相刃相靡，其行尽如驰，而莫之能止，不亦悲乎！终身役役而不见其成功，苶然⑤疲役而不知其所归，可不哀邪！人谓之不死，奚益！其形化，其心与之然，可不谓大哀乎？人之生也，固若是芒乎？其我独芒⑥，而人亦有不芒者乎？

悲天悯人的情怀溢于言表。

夫随其成心而师之⑦，谁独且无师乎？奚必知代而心自取者有之？愚者与有焉！未成乎心而有是非，是今

名师注解

① 慹：恐惧。

② 取：显现。

③ 说：通"悦"，高兴，喜悦。

④ 真君：与"真宰"相同，也是指自我。

⑤ 苶（nié）然：疲倦的样子。

⑥ 芒：通"茫"，迷茫。

⑦ 成心：偏见。师：动词用法，取法、效法的意思。

日适越而昔至也。是以无有为有。无有为有，虽有神禹，且不能知，吾独且奈何哉！

　　有大智慧的人率性而豁达，有小智慧的人固执而偏狭，大言气势盛大，浅薄的言论啰嗦。他们睡觉时心神交错而烦乱，醒来后形体也不得安宁，与外物交接而产生纠葛，整天勾心斗角。有的显得漫不经心，有的却冥思苦想，有的则小心谨慎。遇小的恐惧则提心吊胆，遇大的恐惧则垂头丧气。他们的心计就像箭在弦上，伺机而弄是非；他们闭口犹如盟誓过，那是为了以守取胜。他们衰败起来就好像秋冬天的草木一样，一天天地消散殆尽。他们沉溺在自己的所作所为中，再无法恢复原状。他们把心灵关闭起来，就像用绳索绑住了一样，表明越老越接近于死亡，再也没有办法恢复生机了。他们的喜怒哀乐、忧虑感叹、反复恐惧、浮躁放纵、装模作样，好像乐声从中空的乐器中产生出来，又像菌类从地上的水气中产生出来一样。这种心态、情态交互更替在眼前，而不知道它们是怎样萌发出来的。算了吧，算了吧！一旦懂得了这些情态发生的道理，也就懂得了它们发生的根由了！

　　没有我的对应面就没有我本身，没有我本身就没法呈现我的对应面。这样的认识也就接近于事物的本质，然而却不知道这一切受谁支配。仿佛有"真宰"，却又没法找寻到它的影踪。可以去实践并得到验证，但是却看不见它的形体，真实地存在而又无迹可寻。众多骨节、九个孔窍以及六脏，都兼备地存在于我的身上，我跟它们哪一部分最亲近呢？你对它们都一样地喜欢，还是对其中一个格外青睐呢？这样，每一部分都只会成为臣妾似的仆属吗？难道臣妾似的仆属就不能够相互支配吗？还是让它们交替做君臣呢？难道真的有"真君"存在吗？无论寻求到"真君"与否，都不会对它的真实存在有什么增益和损坏。

　　人一旦禀天地之气而形成形体，就不能忘掉自己的躯体而等待最后的消亡。他们跟外界环境或相互对立或相互顺应，他们的行动全都像快马奔驰，没有什么力量能使他们止步，这不是很可悲吗！他们一辈子劳劳碌碌却看不到自己的成功，一辈子困顿疲劳却不知道自己的归宿，这能不悲哀吗！这样的人虽然长生不死，但又有什么益处呢？人的形骸逐渐衰竭，人的精神和感情也随着这变化而逐渐消失，这能不算是最大的悲哀吗？人生在世，本来就是如此的迷昧无知吗？难道只有我才这么迷昧无知，而世人也有不迷昧无知的吗？

如果把自己的成见当作判断是非的标准，那么谁会没有标准呢？何必一定是能认识自然变化规律的智者才有呢？愚昧的人也有标准。如果还没有自己的成见就已经先有了是非，就好像是说今天要去越国但是昨天已经到达了一样。这就是把没有当作了有。即使是身为神明的大禹都不能穷其究竟，芸芸众生的我又能有什么办法呢？

读书笔记

夫言非吹①也，言者有言，其所言者，特未定也。果有言邪？其未尝有言邪？其以为异于鷇②音，亦有辩乎，其无辩③乎？道恶乎隐而有真伪？言恶乎隐而有是非？道恶乎往而不存？言恶乎存而不可？道隐于小成④，言隐于荣华。故有儒墨之是非，以是其所非而非其所是。欲是其所非而非其所是，则莫若以明。

物无非彼，物无非是。自彼则不见，自是则知之。故曰：彼出于是，是亦因彼。彼是，方生之说也。虽然，方生方死，方死方生；方可方不可，方不可方可；因是因非，因非因是。是以圣人不由而照之于天，亦

名师点评

这是庄子朴素的辩证思想，指出万事万物都存在对立统一的和谐关系。

名师注解

① 吹：风吹。
② 鷇（kòu）：刚出生的小鸟。
③ 辩：通"辨"，分辨。
④ 小成：偏狭的成见。

因 ① 是也。是亦彼也，彼亦是也。彼亦一是非，此亦一是非。果且有彼是乎哉？果且无彼是乎哉？彼是莫得其偶，谓之道枢。枢始得其环中，以应无穷。是亦一无穷，非亦一无穷也。故曰：莫若以明。

言论不像是吹风，人人都有自圆其说的一家之言，各人的一家之言却不能形成一个定论。这就算是发了言吗？还是等于没有发言呢？他们都认为自己的言论不像鸟叫的声音，是有分别，还是没有分别呢？道是怎么被遮掩而有了真和假的区别了呢？言论是怎么被隐藏而有了是与非的呢？道如何会往而不存呢？言论是怎样被隐蔽而有是非的呢？道被偏见所隐蔽，而言论被浮华不实之辞所掩盖。因此才有了儒家和墨家的是非之论，他们肯定了对方所否定了的东西，否定了对方肯定的东西。如果真想去肯定对方否定的东西，否定对方肯定的东西，还不如以虚静之心去观照事物本真的情形。

（以我观物则）世间的万事万物皆是"彼"，（以物自观则）世间的万事万物皆是"此"。从彼方看不见此方，从自己这方面才能够了解自己。所以说，彼方是出于此方，此方也依存于彼方。彼和此是相对存在的，可以用"方生"的说法来形容。虽然如此，事物刚刚产生就开始走向灭亡，刚刚灭亡又孕育新生；刚说可以就转向了不可以；刚说不可以又转向可以，刚认为是又走向了非，刚认为非又走向了是。因此，圣人不经由是非之途而只是如实地反映自然，也是顺应自然的道理。因此圣人不会固守彼此与是非，此也就是彼，彼也就是此，彼有彼的是非，此也有此的是非。真的有彼此的分别吗？还是真的没有彼此的分别呢？彼和此既是相对存在的同时又是共生的，就是道的枢纽。符合道的标准才好像是进入了环的中心，就可以应对无穷尽的发展变化。是的变化没有尽头，非的变化也没有尽头，所以说，不如用明静的心态去辨析事物本真的面貌。

名师注解

① 因：遵循。

以指喻①指之非指，不若以非指喻指之非指也；以马喻马之非马，不若以非马喻马之非马也。天地一指也，万物一马也。

可乎可，不可乎不可。道行之而成，物谓之而然。恶乎然？然于然。恶乎不然？不然于不然。物固有所然，物固有所可。无物不然，无物不可。故为是举莛②与楹③，厉④与西施，恢恑憰怪⑤，道通为一。

其分也，成也；其成也，毁也。凡物无成与毁，复通为一。唯达者知通为一，为是不用，而寓诸庸。庸也者，用也；用也者，通也；通也者，得也；适得而几矣。因是已。已而不知其然，谓之道。劳神明为一，而不知其同也，谓之朝三。何谓朝三？狙公⑥赋芧⑦曰："朝三而暮四。"众狙皆怒。曰："然则朝四而暮三。"众狙皆悦。名实未亏而喜怒为用，亦因是也。是以圣人和⑧之以是非而休乎天钧⑨，是之谓两行。

名师注解

① 喻：说明、表明。

② 莛：草的茎。

③ 楹：厅堂前的木柱。

④ 厉：此处指丑陋的人。

⑤ 恢恑憰怪：诡秘、怪异的事情。

⑥ 狙公：饲养猴子的老人。狙，猴子。

⑦ 芧：栗子，也叫橡子。

⑧ 和：调和。

⑨ 钧：通"均"，均衡。

用指的概念来说明具体的指不是指，不如用不是指的概念来说明一般的指不是具体的指。用马的概念来说明具体的马不是马，不如用不是马的概念来说明一般的马不是具体的马。其实天地之大就是一指，万物千差万别不过就是一马。

　　人家认为可，我也跟着认为可；人家认为不可，我也跟着认为不可。道路是人们走出来的，事物的名称是人们叫出来的。为何认为这样，人家认为这样，我就认为这样。为何认为不是这样，人家认为不是这样，我就认为不是这样。因为一切事物本来就该这样，或者本来就不该这样。由此看来，天下没有什么事物是不然的，没有什么事物是不可的。所以像草茎与屋柱、丑妇与美女，万物的恢恑憰怪之异态，从大道的观点来看都是一样的。

　　一事物的解体，就意味着另一事物的形成；一事物的形成，就意味着另一事物的毁灭。其实所有的事物并无形成与毁灭的区别，都是浑然一体的。只有通达大道的人才能知晓万物相通为一的道理，因此他们就不会运用自己的智巧聪明，去分别万物的成与毁，而只是顺应自然之规律罢了。所谓庸，就是在实际中运用；在实际中运用而不固执己见，就能通达于大道；通达于大道，就能无往而不自得；达到无往而不自得的地步，就是尽得大道了。这就是因任自然，因任自然而不知其所以然，这就叫作"道"。辩者费尽精神以求一致，而不知道万物本来就是同一的，这就叫作"朝三"。什么叫作"朝三"呢？养猴的老翁给猴子分山栗时说："早上给三升，晚上给四升。"猴子们都发怒了。老翁又说："那么就早上给四升，晚上给三升吧。"猴子们都高兴了。三、四之名和它们的总和都没有改变，但猴子却因迷惑于颠之倒之的现象而妄动喜怒，养猴的老翁也就是顺着猴子们的意思罢了。因此圣人和同是非，而一任自然以成事，犹如泥坯纯因陶钧的运转以成器一样，向左向右运转则皆无不可。

　　古之人，其知有所至矣。恶乎至？有以为未始有物者，至矣，尽矣，不可以加矣。其次以为有物矣，而未始有封①也。其次以为有封焉，而未始有是非也。是非之彰也，道之所以亏也。道之所以亏，爱②之所以成。果且有成与亏乎哉，果且无成与亏乎哉，有成与亏，故昭氏之鼓琴也；无成与亏，故昭氏之不鼓琴也。昭文之鼓琴也，师旷③之枝策也，惠子之据梧也，三子之知几乎！皆其盛者也，故载之末年。唯其好④之也，以异于彼；其好之也，欲以明之。彼非所明而明之，故以坚白之昧⑤终。而其子又以文之纶终，终身无成。若是而可谓成乎？虽我亦成也，若是而不可谓成乎？物与我无成也。是故滑疑⑥之耀，圣人之所图⑦也。为是不用而寓诸庸，此之谓以明。

今且有言于此，不知其与是类乎？其与是不类乎？类与不类，相与为类，则与彼无以异矣。虽然，请尝言之。有始也者，有未始有始也者，有未始有夫未始有始也者。有有也者，有无也者，有未始有无也者，有未始有夫未始有无也者。俄而有无矣，而未知有无之果孰有孰无也。今我则已有谓矣，而未知吾所谓之其果有谓乎，其果无谓乎？

名师注解

① 封：界限。

② 爱：偏爱。

③ 师旷：晋国的知名乐师。

④ 好：爱好。

⑤ 昧：愚昧。

⑥ 滑疑：迷乱的样子。

⑦ 图："否"字的借用，遗弃。

天下莫大于秋毫之末，而大山为小；莫寿于殇子^①，而彭祖为夭。天地与我并生。而万物与我为一。既已为一矣，且得有言乎？既已谓之一矣，且得无言乎？一与言为二，二与一为三。自此以往，巧历不能得，而况其凡乎！故自无适有以至于三，而况自有适有乎！无适焉，因是已。

 参考译文

古时候的人对事物的认识达到了最高境界。什么是最高境界？他们认为，宇宙未曾形成万物的初始时刻，智慧和认识达到了极限，是最完善、无以复加的。后来的人，认为事物存在，但却不严格分出界限。再后来的人，认为有了分别和界限，但未曾有是非之别。是非观念出现了，道的观念也就因此而亏损了。道的观念之所以亏损，是因为偏私观念的形成。果真有所谓成和亏吗？果真没有成和亏吗？有成和亏，就跟昭文弹琴一样（一调成而众调亏）。没有成和亏，就跟昭文不弹琴了一样。昭文弹琴，师旷击节，惠子倚靠在梧桐树下辩论，这三位先生的认识和才智接近最高峰了，所以载誉于后世。正因为他们有爱好，自以为迥异于众人；他们各有所好，也想彰显于别人。不是别人想要了解的却勉强让别人了解，因此最终以"坚白论说"愚昧收场。昭文的儿子继承了父亲的事业，最终连昭文的鼓琴水平都达不到。如果说这就是所谓的成就，那么像我这样的也算有成就了。如果说这不可以称为成就，那么天下的事物和我都不能算是有成就。所以，那些迷乱世人的炫耀言论，是圣人要抛弃的东西。所以圣人行不言之教，把大道寓于寻常日用之理，这才是真的明了大道。

现在我想在这里发表些议论，不知道这些议论与其他人的议论是相同还是不同。无论相同还是不相同，都能算是一类的了，和其他人的话就没有什么差别了。虽然是这样，还是请让我来说一说这个问题，宇宙之象有可以看见的时候，有未曾显现的时候，有在"未始有始"之前极端寂虚的状态。万物初生有形体，万物的形体是从无中产生出来的，万物产生之前一无所有，在"未始有无"之前处于极端空洞寂虚的状态。突然之间就有了"有"和"无"，但是还不知道是不是真的"有"和"无"。现在我发表了这些议论，然而却不知道果真说了这些话呢，还是果真没说过这些话呢？

从时空的相对性来说，可以说天下没有比秋天毫毛的末端更大的东西了，泰山也是小的；也可以说天下没有比未成年就死去的孩子更长寿的了，而活八百岁的彭祖却是短命的早亡者。天与地和我共生，既然万物一体，那有什么可说的呢？既然万物一体，那还有什么不能说的呢？万物一体的存在加上我所说的言论就成为二，二再加上一个"彼"的言说就成三，从这里往下推算，最高明的数学家也不能得出最后的答案，更何况我们这种凡人呢！从"无"到"有"已经有了"三"，更何况是从"有"到"有"呢？不用去推算了，顺其自然吧。

读书笔记

夫道未始有封，言未始有常①，为是而有畛②也。请言其畛：有左有右，有伦有义，有分有辩，有竞有争，此之谓八德。六合之外，圣人存而不论；六合之内，圣人论而不议。春秋经世③先王之志，圣人议而不辩。

故分④也者，有不分也；辩也者，有不辩也。曰：

名师注解

① 常：常论，定论。

② 畛（zhěn）：界限。

③ 春秋：指史书。经世：指治世之事，即社会政事。

④ 分：区分。

何也？圣人怀之，众人辩之以相示也。故曰辩也者，有不见也。夫大道不称，大辩不言，大仁不仁，大廉不嗛①，大勇不忮。道昭②而不道，言辩而不及③，仁常而不成，廉清而不信，勇忮而不成。五者园而几向方矣。故知止其所不知，至矣。孰知不言之辩，不道之道？若有能知，此之谓天府④。注焉而不满，酌焉而不竭，而不知其所由来，此之谓葆光⑤。

故昔者尧问于舜曰："我欲伐宗、脍、胥敖⑥，南面而不释然⑦，其故何也？"舜曰："夫三子者，犹存乎蓬艾之间。若不释然，何哉？昔者十日并出，万物皆照，而况德之进⑧乎日者乎！"

名师点评

尧问舜的话，意指人应该从狭小的自我中走出来，开阔心胸。

 参考译文

道从来是没有界限的，言论从来是没有定准的，因为有了从无到有，才有了差别的界限。请允许我谈一谈那些界限，比如有左右，有亲疏之理，有贵贱之仪，有分辩有争论，这就叫作八德。宇宙以

名师注解

① 嗛（qiān）：通"谦"，谦虚。

② 昭：昭示。

③ 及：到。

④ 天府：天然的仓库，这里形容它宽广，能包罗一切。

⑤ 葆光：隐藏着的光辉。后人用葆光比喻善于隐藏。

⑥ 宗、脍、胥敖：国家的名字，都是小国。

⑦ 释然：放心，高兴。

⑧ 进：胜过，更进一步。

外的事情，圣人不去论说；宇宙以内的事情，圣人只是论说而不加以评议；春秋那些史书是记载先王治世的，圣人只是评议却不进行争辩。天下的事情有能区别的，有不能区别的；天下的人有爱争辩的，有不争辩的。有人会问：这种说法是什么意思呢？圣人以不辩为怀，而众人却喋喋不休地争辩，并夸示于世。

因此说：争辩的人都有自己没看到的一面。大道是无法言说的，善辩的人不用言说来折服他人，至仁的人是不用展示自己仁爱的，最廉洁的人不会特意表现出谦虚，最勇敢的人不害他人。把大道讲明白了就不是道，用言语争辩就不如不用语言，常守着仁就不能为仁，表现得太清廉了别人就不会相信，有害人的想法就不能够成为勇。这五个方面都能浑然圆通，差不多就接近于道了。所以，能够在他不知道的地方停止，就达到知的极点了。谁知道不用语言的辩论，不用讲出来的道呢？如果有谁能知道这一点，这就称得上是大自然的府库了。无论向里面灌输多少，都不会盈满，无论从里面取走多少，都不会枯竭。而且不知道它的源头来自何方，这就是隐蔽起来的光明。

所以从前尧问舜说："我想进攻宗、脍、胥敖这三个国家，每次上朝的时候心里都不安宁，这是为什么呢？"舜回答说："这三个国家的君主，就好像在蓬蒿艾草中生存着一样。你总是心神不宁，究竟是为什么呢？古时十个太阳同时升起，照耀万物，何况你的德行超过十个太阳的光芒呢！"

啮缺问乎王倪曰^①："子知物之所同是乎？"曰："吾恶乎知之！""子知子之所不知邪？"曰："吾恶乎知之！""然则物无知邪？"曰："吾恶乎知之！虽然，尝试言之。庸讵知吾所谓知之非不知邪？庸讵知吾所谓不知之非知邪？且吾尝试问乎女：民湿寝则腰疾偏死^②，鳅然乎哉？木处则惴栗恂惧，

名师注解

① 啮（niè）缺、王倪：都是虚构的人名。

② 偏死：偏瘫。

猿猴然乎哉？三者孰知正处？民食刍豢^①，麋鹿食荐^②，蝍蛆^③甘带，鸱^④鸦耆鼠，四者孰知正味？猿猵狙^⑤以为雌，麋与鹿交，鳅与鱼游。毛嫱、丽姬，人之所美也；鱼见之深入，鸟见之高飞，麋鹿见之决骤^⑥。四者孰知天下之正色哉？自我观之，仁义之端，是非之涂，樊然殽乱，吾恶能知其辩！"

啮缺曰："子不知利害，则至人固不知利害乎？"王倪曰："至人神矣！大泽焚而不能热^⑦，河汉冱而不能寒，疾雷破山、风振海而不能惊。若然者，乘云气，骑日月，而游乎四海之外。死生无变于己。而况利害之端乎！"

读书笔记

名师点评

所谓的"不知"轻轻带过，但已有力透纸背之感，因为有"不热""不寒""不惊"暗衬这个观点。

参考译文

啮缺问王倪说："你知道万事万物之间的共同之处吗？"王倪答："我怎么能够知道呢？"啮缺又问他："你知道那些你所不知道的东西吗？"王倪回答："我怎么能够知道呢？""那么万事万物就没有办法去认识了吗？"王倪回答说："我怎么能够知道呢？

名师注解

① 刍豢（chú huàn）：指牛羊猪狗等牲畜，这里泛指家畜。

② 荐：长得茂盛的草。

③ 蝍蛆：蜈蚣。

④ 鸱：猫头鹰。

⑤ 猵狙：类似于猴的一种动物，擅爬树。

⑥ 决骤：快速地奔跑。

⑦ 大泽：大湖沼。热：做动词用，使……感到热。

虽然这样，还是让我来谈一谈吧。你怎么知道我所说的知道不是不知道呢？你怎么知道我所说的不知道不是知道呢？暂且让我问一问你：人在潮湿的地方睡觉就会腰痛而偏瘫，泥鳅呢，会这样吗？人爬到很高的树上就会惊恐不安而害怕，猴子会这样吗？这三者究竟谁更了解真正舒适的住所呢？人吃家畜，麋鹿吃鲜美的草，蜈蚣吃小蛇，猫头鹰和乌鸦吃老鼠，这四个谁又知道什么是真正好吃的美味呢？猿猴和猵狙互为配偶，麋鹿喜欢与鹿交配，泥鳅和鱼交配。毛嫱和丽姬，世人都认为美，然而鱼见了她们会游到海底深处，鸟见了她们会飞向高空，麋鹿见了她们会疾速地奔跑，这四种到底谁才了解天下真正的美丽呢？依我看来，仁义的开端、是非的途径都混乱纷杂，我怎么能够分辨得出来呢？"

啮缺说："你不知道利害关系，难道道德高深的人也不知道利害关系吗？"王倪回答说："道德高深的人太神妙了！焚烧山林不能使他感觉到炎热，江河冻结也不会使他感觉寒冷，迅雷劈山不能伤到他，狂风卷起大浪都不能使他感到震惊，这样的人，他们乘着云气，骑着日月，在四海之外遨游，生和死对他们都没有影响，更何况是利害这样的小事呢！"

瞿鹊子问乎长梧子①曰："吾闻诸夫子②：'圣人不从事于务，不就利，不违害，不喜求，不缘③道；无谓有谓，有谓无谓，而游乎尘垢之外。'夫子以为孟浪④之言，而我以为妙道之行也。吾子以为奚若？"

长梧子曰："是黄帝之所听荧⑤也，而丘也何足以知之！

名师注解

① 瞿鹊子、长梧子：虚构的人名。

② 夫子：敬称，凡是做过士大夫的人均可以获得此称谓。这里指孔子。

③ 缘：遵循。

④ 孟浪：轻率的，不切实际的。

⑤ 听荧：听后感到疑惑、不明白。

且女亦大早计，见卵而求时夜，见弹而求鸮炙①。予尝为女妄言之，女以妄听之。奚旁日月，挟宇宙，为其吻合，置其滑涽，以隶相尊。众人役役，圣人愚芚，参万岁而一成纯。万物尽然，而以是相蕴②。

予恶乎知说生之非惑邪！予恶乎知恶死之非弱丧而不知归者邪！"丽之姬，艾封人之子也，晋国之始得之也，涕泣沾襟；及其至于王所，与王同筐床，食刍豢，而后悔其泣也。予恶乎知夫死者不悔其始之蕲③生乎！梦饮酒者，旦而哭泣；梦哭泣者，旦而田猎。方其梦也，不知其梦也。梦之中又占其梦焉，觉而后知其梦也。且有大觉而后知此其大梦也。而愚者自以为觉，窃窃然知之。君乎，牧乎，固哉！丘也与女，皆梦也；予谓女梦，亦梦也。是其言也，其名为吊诡④。万世之后而一遇大圣，知其解者，是旦暮⑤遇之也。"

 参考译文

　　瞿鹊子询问长梧子："我听孔夫子说过：'圣人不去从事世俗的事情，不贪图利益，不回避危害，不喜欢追求世欲，不拘泥于道，没有说话却等于说过了，说了话又等于没有说话，因而心神在俗世之外遨游。'孔子认为这

名师注解

① 炙：用火烤。

② 蕴：蕴藏。

③ 蕲（qí）：祈求。

④ 吊诡：怪异，奇怪。

⑤ 旦暮：早晨和傍晚，指时间短。

些话是无稽之谈，我却觉得这是妙道的德行，你认为怎么样呢？"

长梧子说："这些话即使黄帝听了也会感到疑惑不解，孔丘又怎么能够了解呢！而且你又操之过急，就像看到了鸡蛋就想得到一只报晓的公鸡，看见弹丸就想吃到烤的鸮肉一样。我试着给你讲一讲吧，你姑且听听，如何？圣人依傍着日月，胸怀着宇宙，与万物融为一体，对混乱复杂的是非置之不理，把世俗的尊卑、贱贵分别看作是相同的。大众熙熙攘攘，圣人则浑然相安，把古今的无数变化糅合在一起，自己却是精纯的。万物都是如此，相互蕴和包裹于精纯的状态中"。

"我怎么知道贪生不是受了迷惑呢？我怎么知道怕死的不像那些流落在外不知道回家的人呢？丽姬是艾地戍边人的女儿，刚被迎娶到晋国的时候，她哭得泪水都浸透了衣襟；她到晋国的宫里时，和国王一起睡在舒适的床上，吃着美味的肉食，才后悔当初不应该伤心地哭泣。我又怎么能知道死去不会后悔当初的贪生呢？梦中梦到开怀畅饮的人，醒来以后可能会遇到悲伤的事情而伤心落泪；梦中梦到悲伤的事而哭泣的人，醒来以后可能会去快乐地打猎。人在梦中的时候，并不知道自己在做梦。甚至有时睡梦中还会占卜其梦，醒后才知自己是在做梦。只有特别清醒的人才知道人生是一场梦。而愚昧无知的人自以为自己很清醒，以为自己什么都知道。自以为支配一切，实际像羊一样被牧羊人牵着过活，真是愚笨啊。我觉得孔丘和你都在做梦。我说你们在做梦，我也在做梦。这些言论，可以说是怪异的，万世之后或许会遇到一位大圣人，能够了悟这个道理，这种事的发生，就好像是在旦夕之间一样。"

"即使我与若辩矣，若胜我，我不若胜，若果是也，我果非也邪？我胜若，若不吾胜，我果是也，而果非也邪？其或是也，其或非也邪？其俱是也，其俱非也邪？我与若不能相知也，则人固受黮暗①，吾谁使正之？使同乎若者正之？既与若

名师注解

① 黮暗（dǎn àn）：昏暗不明的样子。

同矣，恶能正之？使同乎我者正之？既同乎我矣，恶能正之？使异乎我与若者正之，既异乎我与若矣，恶能正之？使同乎我与若者正之，既同乎我与若矣，恶能正之。然则我与若与人俱不能相知也，而待彼也邪？

......

参考译文

　　"即使我和你进行辩论，你胜了我，我没有胜你，你就果真正确，我就肯定错误吗？我胜了你，你没有胜我，我果真正确，你就肯定错误吗？是我们两个人有一方是正确的，有一方是错误的呢？或者我们双方都是正确的，或者我们都是错误的呢？我和你都不知道，世人本来就会因蒙蔽而暗昧茫然。我们又能让谁来评判是非呢？假使请与你见解相同的人来评判，他既然和你的见解相同了，又怎么能评判呢？假使请与我见解相同的人来评判，他既然和我的见解相同了，又怎么能评判呢？假使请见解和你我见解都不同的人来评判，他既然与我和你的见解都不同，又怎么能评判呢？假使请见解和你我都相同的人来评判，他既然与我和你的见解都相同，又怎么能评判呢？那么，我和你和其他别人都不评定谁是谁非了，还期待能有谁来评判呢？"

　　罔两问景曰[①]："曩[②]子行，今子止；曩子坐，今子起；何其无特操[③]与？"景曰："吾有待而然者邪！吾所待又有待而

名师注解
① 罔两：影子的影子。景：通"影"，影子。
② 曩：从前。
③ 无特操：指影子随物而动，缺乏独立性。

然者邪！吾待蛇蚹^①、蜩翼邪！恶识所以然！恶识所以
不然？”

昔者庄周梦为蝴蝶，栩栩然^②蝴蝶也，自喻适志
与^③！不知周也。俄然觉，则蘧蘧然^④周也。不知周之
梦为蝴蝶与，蝴蝶之梦为周与？周与蝴蝶，则必有分
矣。此之谓“物化”。

名师点评

庄周化为蝴蝶，蝴蝶化为庄周，万物化而为一，哪里还会有彼是此非，此是彼非呢？

参考译文

影子的影子对影子说：“过去你行走，现在你又停下；过去你坐着，现在你又站起来；你为什么没有独立的操守呢？”影子说：“我是有依赖条件才会这样的呀！我所依赖的东西又有所依赖，才会这样的呀！我依赖形体而动，犹如蛇借助腹下的鳞皮爬行和蝉借助翅膀飞行！我怎能知道为什么会是这样的？我怎能知道为什么不会是这样的？”

从前庄周梦见了自己变成蝴蝶，一只生动活泼、飞舞自得的蝴蝶，自己还感到愉快，忘记了自己是庄周。突然间醒来了，才惊慌地意识到自己是庄周。不知道是庄周在梦中变成了蝴蝶呢，还是蝴蝶在梦中变为庄周呢？庄周和蝴蝶毕竟是有区别的。庄周与蝴蝶之间的关系，就是所谓的万物浑然化作一体吧。

名师注解

① 蚹：蛇腹下的鳞皮。

② 栩栩然：生动活泼的样子。

③ 适志：得意。与：通“欤”，语气助词。

④ 蘧蘧然：惊异的样子。

-------- 精华赏析 --------

　　"齐物"和"齐论"是庄子哲学思想的重要组成部分,也是他能超出其他同时代哲学家的原因所在。他看到了客观事物之间的区别,看到了事物之间的对立统一,甚至看到了对立双方的相互转化,因此,他提出了万物是毫无差别的这一结论。虽然在今天看来这结论有失偏颇,但在当时已实属难能可贵。

-------- 延伸思考 --------

　　1.通过《齐物论》的学习,你学到了什么道理?

　　2.通过本篇的学习,你记住了哪些成语?试着举例说明。

养生主

本篇主要谈论的是如何看待生死的问题。"主"是宗主，"养生主"就是指养生的要领。在庄子看来，养生之道的关键是要顺乎自然，忘却情感，不为外物所制约。只有这样才能"入道"。

名师点评

开门见山，以寥寥数语揭示养生的宗旨。语言凝练，说理生动。

吾生也有涯①，而知②也无涯。以有涯随无涯，殆③已；已而为知者，殆而已矣。为善无近④名，为恶无近刑。缘督以为经⑤，可以保身，可以全生⑥，可以养亲，可以尽年。

参考译文

我们的生命是有限的，但是知识却是没有尽头的。用有限的生命追求没有穷尽的知识，就会使人疲倦困顿！既然已经困顿疲倦了

名师注解

① 涯：边际，尽头。

② 知：通"智"，知识。

③ 殆：危险，指神伤体乏。

④ 近：追逐，追求。

⑤ 经：常，常法。

⑥ 全生：保全天性。

还要去追求知识，那就更加危险且无救了！做善事不要有追求名利的想法，做恶事也不要使自己有遭受刑戮的危险。把遵循自然之道来作为常法，就能够保护身体，就可以保全性命，就可以赡养父母，享尽天年了。

庖丁①为文惠君解牛，手之所触②，肩之所倚③，足之所履，膝之所踦，砉然响然，奏刀騞然④，莫不中音；合于《桑林⑤》之舞，乃中《经首⑥》之会⑦。

文惠君曰："嘻，善哉！技盖⑧至此乎？"

庖丁释刀⑨对曰："臣之所好者道也，进乎技矣。始臣之解牛之时，所见无非全牛者。三年之后，未尝见全牛也。方今之时，臣以神遇而不以目视，官知止而神欲行。依乎天理⑩，批⑪大郤，导大窾⑫，因其固然，技经肯⑬綮⑭之未尝，而况大軱乎！良庖岁更刀，割也；族庖月更刀，折也。今臣之刀十九

名师注解

① 庖丁：厨师，名丁。

② 触：接触。

③ 倚：靠。

④ 砉（huā）、騞（huō）：都是拟声词。

⑤ 桑林：殷代祭祀所用的乐曲。

⑥ 经首：尧时的音乐。

⑦ 会：节拍。

⑧ 盖：通"盍"，怎么。

⑨ 释刀：放下牛刀。

⑩ 天理：天然的结构。

⑪ 批：击。

⑫ 导大窾（kuǎn）：将牛刀深入到牛骨节间大的空处。

⑬ 肯：连着骨头的肉。

⑭ 綮（qìng）：骨肉连接紧密的地方。

年矣，所解数千牛矣，而刀刃若新发于硎[1]。彼节者有间，而刀刃者无厚；以无厚入有间，恢恢乎其于游刃必有余地矣。是以十九年而刀刃若新发于硎。虽然，每至于族，吾见其难为，怵然[2]为戒，视为止，行为迟。动刀甚微，謋然已解，牛不知其死也，如土委地。提刀而立，为之四顾，为之踌躇满志，善刀而藏之。"

文惠君曰："善哉！吾闻庖丁之言，得养生焉。"

 参考译文

　　有个名叫丁的厨师给文惠君宰牛，他的手触及的地方，肩膀靠着的地方，脚踩着的地方，膝盖抵住的地方，害害的响声，进刀的时候发出皮骨相离的声音，没有不合乎音乐的节拍的，能合得上《桑林》和《经首》的节奏。

　　文惠君说："哈，非常妙！你的技术怎么能达到这么高的水平呢？"

　　厨师放下刀，回答说："我喜欢钻研宰牛规律，对规律的掌握已经超过了宰牛技术本身了。我刚开始宰牛的时候，眼睛里所见到的无非是一头完整的牛而已；三年之后，就再也没见过完整的牛了。到现在，我是用心去体会而不是用眼睛去看，眼睛停止感官活动全凭内心支配宰牛这件事。掌握牛的生理结构，用刀劈大的缝隙，把刀引进骨头间空的地方，顺着牛的自然结构宰割，就连连着经脉骨肉的地方也没有一点阻碍，更何况是大的骨头呢！技术高超的厨师一年换一把刀，是因为他们是在割肉；一般的厨师一个月就要换一

名师注解

[1] 硎（xíng）：磨刀石。

[2] 怵然：谨慎的样子。

把刀，是因为他们在砍骨头；现在我的这把刀已经用了十九年了，宰过的牛已经有几千头了，刀刃就像刚在磨刀石上磨过一样锋利。牛的骨节之间有空隙，而刀刃几乎没有什么厚度，用没有什么厚度的东西插入有缝隙的骨节之间，刀刃运转肯定是有余地的啊。因此十九年了，刀好像还是刚从磨刀石上拿下来一样。即使如此，每次当我遇到筋骨庞杂的地方，见它难以下刀，就小心谨慎，目光专注，动作缓慢，刀子微微一动，牛就解体了，就好像是土堆崩塌在地上一样。我提着刀站立起来，向四方看一看，感到意得志满，就把刀擦干净收藏起来。"

文惠君说："好极了！我听了厨师说的话，也悟出了养生的道理。"

　　公文轩①见右师②而惊曰："是何人也？恶乎介③也？天与？其人与？"曰："天也，非人也。天之生是，使独④也，人之貌，有与也。以是知其天也，非人也。"

　　泽雉⑤十步一啄，百步一饮，不蕲畜⑥乎樊⑦中。神虽王⑧，不善也。

　　老聃⑨死，秦失⑩吊之，三号而出。弟子曰："非夫子之友邪？"曰："然。""然则吊焉若此可乎？"曰："然。始

名师注解

① 公文轩：复姓公文，名轩，宋国人。

② 右师：官名，春秋时期宋国的官职。此处以官职来形容人。

③ 介：仅有一只脚的人。

④ 独：独足。

⑤ 泽雉：水泽中的野鸡。

⑥ 畜：畜养。

⑦ 樊：牢笼。

⑧ 王：通"旺"，兴旺。

⑨ 老聃：李耳，字聃，又称老子，道家的代表人物。

⑩ 秦失（yì）：老子的朋友。

这部分阐释了作者的生死观，意思是说，人生在世应该将生死看成是自然的事，只有这样才能达到"哀乐不入"的境界。

此句话与前文的生死观相呼应，点明了主旨。

也吾以为其人也，而今非也。向^①吾入而吊焉，有老者哭之，如哭其子，少者哭之，如哭其母。彼其所以会^②之，必有不蕲言而言，不蕲哭而哭者。是遁天^③倍情，忘其所受，古者谓之遁天之刑。适来，夫子时也；适去，夫子顺也。安时而处顺，哀乐不能入也，古者谓是帝之县解。"

指穷于为薪，火传也，不知其尽也。

公文轩看见右师时惊奇地说："他是什么人？怎么会只有一只脚呢？是天生就这样呢，还是人为造成的呢？"右师说："是天生的，不是人为的。天生我就只有一只脚，人的形貌是上天赋予的，所以知道这是天生的，而不是人为的。"

野鸡走了十步才吃上一口食，走了一百步才喝上一口水，但是它也不希望被畜养在笼子里，虽然在笼子里精神很好，但是却没有自由。

老聃去世了，他的朋友秦失前来凭吊，大哭了几声后就出来了。老聃的弟子们问："老师不是你的朋友吗？"秦失回答说："是啊。"弟子问："那么，像这样吊唁朋友，可以吗？"秦失说："可以。原本我与他交往的时候，知道他是超于物外的人，但是而今我发现不是。刚才我进去吊唁的时候，看到有老人哭他，就像在哭自己的儿子，有少年哭他，像哭自己的母亲。老少们这么悲伤地哭他，

名师注解

① 向：刚才。

② 会：聚集。

③ 遁天：违背自然。

可见老子生前与他们感情深厚，他们才情不自禁地说了又说，哭了又哭。这是违背自然和情理的事情，忘记了我们命受于天，古人称这是违背天理的。老聃生是应时而生；死是顺乎自然而死亡。应时而生又顺乎自然而死，悲哀和欢乐的情绪不能进入人的心中，古人把这叫作天帝的解脱，犹如解除了倒悬的痛苦。"

柴薪的燃烧是会有穷尽的，但是火种却能流传下去，没有尽头。

延伸思考

本篇有一个重要的寓言故事——庖丁解牛。通过学习这则故事，你懂得了什么道理？

知识拓展

薪尽火传：原指柴虽然烧尽，但是火种仍然能够留传。后用来比喻学问和技艺代代相传。出自《庄子·养生主》："指穷于为薪，火传也，不知其尽也。"

人间世

名师导读

　　所谓的"人间世"就是人生在世的意思，本篇主要讨论处世之道：面对险恶的社会现实，人该如何自处？又该如何与人相处？庄子在本篇中提出了"涉乱世以自全"的方法和主旨。

　　颜回^①见仲尼，请行。曰："奚之？"曰："将之卫。"曰："奚为焉？"

　　曰："回闻卫君，其年壮，其行独^②，轻用其国，而不见其过；轻用民死，死者以国量乎泽若蕉，民其无如矣！回尝闻之夫子曰：'治国去之，乱国就之，医门多疾。'愿以所闻思其则，庶几其国有瘳乎！"

　　仲尼曰："嘻，若殆^③往而刑耳！夫道不欲杂，杂则多，多则扰，扰则忧，忧而不救。古之至人，先存诸己而后存诸人。所存于己者未定，何暇至于暴人之所行！

　　"且若亦知夫德之所荡，而知之所为出乎哉？德荡乎名，知出乎争。名也者，相轧也；知也者，争之器也。二者凶器，非所以尽行也。

"且德厚信矼，未达人气，名闻不争，未达人心。而强以仁义绳墨之言，术暴人之前者，是以人恶有其美也，命之曰菑人。菑人者，人必反菑之，若殆为人菑夫！

"且苟为悦贤而恶不肖。恶用而求有以异？若唯无诏，王公必将乘人而斗其捷。而目将荧①之，而色将平之，口将营②之，容将形之，心且成之。是以火救火，以水救水，名之曰益多。顺始无穷，若殆以不信厚言，必死于暴人之前矣！

"且昔者桀杀关龙逢，纣杀王子比干，是皆修其身以下伛拊③人之民，以下拂其上者也，故其君因其修以挤之。是好名者也。

"昔者尧攻丛、枝、胥敖，禹攻有扈④，国为虚⑤厉，身为刑戮，其用兵不止，其求实无已⑥。是皆求名实者也。而独不闻之乎？名实者，圣人之所不能胜也，而况若乎！虽然，若必有以也，尝以语我来。"

名师注解

① 荧：迷惑。

② 营：营救，此处指解脱。

③ 伛（yǔ）拊：爱护，抚爱。

④ 丛、枝、胥敖、有扈：古国名。

⑤ 国：指以上四国。为：成了。虚：通"墟"，废墟。

⑥ 实：实利。已：止。

颜回去拜见老师孔子，请求同意他出远门。孔子说："你要去哪里呢？"颜回回答说："我打算去卫国。"孔子又问："去卫国干什么呢？"

颜回说："我听说卫国的国君，年轻气盛，行事专断，处理国家政事很轻率，却看不到自己的过错。轻易就去用兵而不知道珍惜人命，因此而死的人就好像山泽中的小草一样不计其数，老百姓民不聊生了。我曾经听您说过：'离开治理得好的国家，到动乱的国家里去，就好像医生门前有很多病人等待一样。'我希望能够实践我从您这里学到的东西，或许这个国家的百姓还可以免于疾苦吧！"

孔子说："唉！你恐怕到卫国就会遭到杀害啊！道是不能够杂乱的，杂乱了事情就会很多。事情多就会扰乱人心，人心乱了就会产生忧患，忧患多了也就自身难保了，更何况是拯救国家呢。古代修养极高的人，都是先保全自己，然后再去帮助他人。你自己能不能活下来都不知道，哪里有能力去管别人的残暴行为啊！

而且，你也知道道德沦丧和智慧显露的原因吧？道德沦丧是为了去追逐名声，智慧显露是因为要去争论是非。名声是人们互相倾轧的原因，智慧是人们互相争斗的工具。它们都是凶器，不可以将它推行于世。

一个人虽然德行纯厚、诚实笃守，可未必能和对方性情相通，一个人虽然不争名声，可未必能得到广泛的理解。而强行把仁义和规范之类的言辞述说于暴君面前，这就好比用别人的丑行来显示自己的美德，这样的做法可以说是害人。害人的人一定会被别人所害，你这样做恐怕会遭到别人的伤害的呀！

况且，假如说卫君喜好贤能而讨厌恶人，那么，哪里还用得着等待你去才有所改变？你果真去到卫国也只能是不向卫君进言，否则卫君一定会紧紧抓住你偶然说漏嘴的机会和你展开争辩来拒谏饰非。这时候你会感到迷惑，而面色将伴作平和，你说话自顾不暇，外表和内心都将迁就他。这样做就像是用火救火，用水救水，可以称之为错上加错。有了顺从他的开始，以后就会没完没了地顺从他，假如他还不相信你的忠诚之言，那么你一定会死在这位暴君面前！

从前，夏桀杀害了敢于直谏的关龙逄，商纣王杀害了力谏的王子比干。他们都注重修养自己的德行，对下体恤百姓，但是对上却违逆了君王意志，所以桀和纣王就因为他们德行高尚怕显出自己的恶行而排挤、杀害他们。这就是追求名声惹的祸。

从前尧进攻丛、枝、胥敖，夏禹攻打有扈，三国的土地变成废墟，人民全都死尽了，而国君自身也遭受杀戮，原因就是三国不停地使用武力，贪求别国的土地和人口。这些都是求名求利的结果，你难道没有听说过吗？名声和利益，即使是圣人也不容易战胜它们，更何况是你呢？虽然这么说，但是你肯定有好的想法，试着说给我听听吧！"

颜回曰："端而虚①，勉而一②，则可乎？"

曰："恶！恶可！夫以阳为充孔③扬，采色不定④，常人之所不违，因案人之所感，以求容与其心。名之曰日渐之德不成，而况大德乎！将执⑤而不化，外合而内不訾。其庸讵可乎！"

"然则我内直而外曲，成而上比。内直者，与天为徒，与天为徒者，知天子之与己，皆天之所子，而独以己言蕲乎而人善之，蕲乎而人不善之邪？若然者，人谓之童子⑥，是之谓与天为徒。外曲者，与人为徒也。擎跽曲拳，人臣之礼也，人皆

名师注解

① 端：端庄、正派。虚：虚豁、谦逊。"端"指外表，"虚"指内心。

② 勉：勤恳努力。一：这里是始终如一，忠贞不二的意思。

③ 孔：很，非常。

④ 采色不定：面部表情变化无常。

⑤ 执：固执。

⑥ 童子：尚没有失去自然天性的孩子。

为之，吾敢不为邪？为人之所为者，人亦无疵①焉，是之谓与人为徒。成而上比者，与古为徒。其言虽教，谪之实也，古之有也，非吾有也。若然者，虽直而不病，是之谓与古为徒。若是则可乎？"

仲尼曰："恶！恶可！大多政法而不谍，虽固亦无罪。虽然，止是耳矣，夫胡②可以及化！犹师心③者也。"

参考译文

颜回说："我外表端庄内心又谦虚，勤奋努力终始如一，这样就可以了吗？"

孔子说："不行，这怎么可以呢？卫国的君王刚猛暴烈盛气溢于言表，而且喜怒无常，人们都不敢有丝毫违背他的地方。他压抑别人的感受来求得内心的快感。每天用道德一点一点来感化他都不会有成效，更何况用从谏如流的大德来劝导他呢？他固执不开化，即使是表面赞同，心里也不会认可，你所说的怎么能够行得通呢？"

颜回说："那么，我就内心秉正诚直而外表俯首曲就，内心自有主见并处处效法古代贤人。内心秉正诚直，和自然是一类的。和自然是一类的人，可知国君与自己都是上天养育的子女。那么何必期望自己所说的话被大家都称赞是好的，又何必在乎别人指责自己说的不对呢？像这样做，人们就会称之为未失童心，这就叫跟自然为同类。外表委曲求全，就和世人是一类的了。手拿朝笏躬身下拜，这是做臣子的礼节，别人都这样去做，我敢不这样做吗？做一般人

名师注解

① 疵：缺点，这里是诽谤的意思。

② 胡：何，怎么。

③ 师心：把自己的心当作老师。

臣都做的事，人们也就不会责难了吧，这就叫跟世人为同类。心有定见而上比古代贤人，是跟古人为同类。他们的言论虽然很有教益，但实际上还是为了指出君主的过失。这样做自古就有，并不是从我才开始的。像这样做，虽然正直不阿却也不会受到伤害，这就叫跟古人为同类。这样做便可以了吗？"

孔子说："不行，怎么可以呢？你说的大多合于法度也不出格，固然也没有什么罪过。然而，也只是如此而已，他怎么能够被感化呢？你还是过于执着于自己的成见了。"

颜回曰："吾无以进矣，敢问其方。"仲尼曰："斋①，吾将语若！有而为之，其易邪？易之者，皞天②不宜。"颜回曰："回之家贫，唯不饮酒不茹荤者数月矣。如此，则可以为斋乎？"曰："是祭祀之斋，非心斋也。"回曰："敢问心斋。"

仲尼曰："若一志，无听之以耳而听之以心；无听之以心而听之以气。听止于耳，心止于符。气也者，虚而待物者也。唯道集虚。虚者，心斋也。"颜回曰："回之未始得使，实自回也；得使之也，未始有回也；可谓虚乎？"

夫子曰："尽矣。吾语若：若能入游其樊而无感其名，入则鸣，不入则止。无门无毒，一宅而寓于不得已，则几矣。

名师点评

这部分内容体现了庄子的理想。他借由"孔子"之口提出自己的主张，认为人间一切纷扰的根源在于"名利"二字，只有做到虚己忘名、物我两忘，才能达到空明的精神境界，从而摆脱名利的束缚。虽然在当今社会，人们无法达到这一境界，但这一主张仍然具有一定的现实意义。

名师注解

① 斋：斋戒，指祭祀前的清心洁身，这里专指清心。
② 皞：明亮。皞天：青天，苍天。

绝迹易，无行地难。为人使易以伪，为天使难以伪。闻以有翼飞者矣，未闻以无翼飞者也；闻以有知知者矣，未闻以无知知者也。瞻彼阕者，虚①室生白②，吉祥止止。

夫且不止，是之谓坐驰。夫徇耳目内通而外于心知，鬼神将来舍，而况人乎！是万物之化也，禹、舜之所纽③也，伏羲、几蘧之所行终，而况散④焉者乎！"

参考译文

　　颜回说："我没有更好的办法了，请问老师有什么好方法吗？"孔子说："你先去斋戒，然后我再告诉你。存心去感化卫君，哪里是这么容易的呢？如果认为这样做容易，便与自然之理相违背。"颜回回答说："我的家境贫穷，不饮酒浆、不吃荤食已经好几个月了，像这样，可以说是斋戒了吧？"孔子说："你这是祭祀前的斋戒，并不是心斋。"颜回说："请问什么是心斋呢？"

　　孔子说："你必须摒除杂念，专一心思，不用耳去听而用心去领悟，不用心去领悟而用凝寂虚无的意念去感受。耳朵的作用只是聆听，心的作用只在于体会而与外物相合。心境才是以虚空容纳宇宙万物的，只有大道才能汇集于凝寂虚无的心境。虚无空明的心境就叫作'心斋'。"颜回说："在我还没有听到过有关心斋教诲的时候，确实有一个自我存在；在听到关于心斋的教诲以后，我便顿时感到不曾有过自我的存在了，这可以叫作虚无空明的境界吗？"

　　孔子说："你对'心斋'的理解十分透彻。我再告诉你，假如你入游卫

名师注解

① 虚：这里指纯净、空明的境界。

② 白：洁净，纯净。

③ 纽：枢纽的意思。

④ 散：疏散，普通。

国而不为名利所动，卫君能采纳你的观点你就说，不能采纳你就不说。不去营求什么，心思凝聚去除杂念，必等到不得不说时再发话，那么就差不多合于'心斋'的要求了。

一个人不走路很容易，走了路不在地上留下痕迹就很困难了。受世人的驱遣容易伪装，受自然的驱遣便很难作假。我听说过有翅膀才能飞翔的，没听说过没有翅膀也能飞翔的。听说过有智慧才能了解事物，不曾听说过没有智慧也可以了解事物。关照虚明的心境，虚空的心境能够生出纯洁的光芒。吉祥福善的事情都会聚集心中。

假如心境不平静，就叫作形坐而心驰。要使耳朵和眼睛通达于内，而又排除心智于外，那么鬼神都会前来依附于你，更何况是人呢？心斋就是顺应万事万物的变化，这是禹舜治世的关键所在，伏羲、几蓬所遵循始终的道理，更何况是普通人呢！"

叶公子高[①]将使于齐。问于仲尼曰："王使诸梁也甚重，齐之待使者，盖将甚敬而不急。匹夫犹未可动，而况诸侯乎！吾甚慄之。子常语诸梁也，曰：'凡事若小若大，寡不道以欢成[②]。事若不成，则必有人道之患；事若成，则必有阴阳之患。若成若不成而后无患者，唯有德者能之。'吾食也执粗而不臧。爨[③]无欲清之人。今吾朝受命而夕饮冰，我其内热与！吾未至乎事之情，而既有阴阳之患矣；事若不成，必有人道之患。是两也，为人臣者不足以任[④]之。子其有以语我来！"

仲尼曰："天下有大戒二：其一，命也；其一，义也。子

名师注解

① 叶公子高：楚庄王玄孙，被封于叶，字子高，名诸梁。

② 寡不道以欢成：很少不合于道而能愉快成事的。

③ 爨：烹煮食物，这里是指厨师。

④ 任：承担。

之爱亲，命也，不可解于心；臣之事君，义也，无适而非君也，无所逃于天地之间。是之谓大戒。是以夫事其亲者，不择地而安之，孝之至也；夫事其君者，不择事而安之，忠之盛也；自事其心者，哀乐不易施[1]乎前，知其不可奈何而安之若命，德之至也。为人臣子者，固有所不得已。行事之情而忘其身，何暇至于悦生而恶死！夫子其行可矣。

"丘请复以所闻：凡交近则必相靡以信。远则必忠之以言，言必或传之。夫传两喜两怒之言，天下之难者也。夫两喜必多溢美之言，两怒必多溢[2]恶之言。凡溢之类妄[3]，妄则其信之也莫，莫则传言者殃。故《法言》曰：'传其常情，无传其溢言，则几乎全。'

"且以巧斗力者，始乎阳[4]，常卒乎阴[5]，大至则多奇巧；以礼饮酒者，始乎治，常卒乎乱，大至[6]则多奇乐。凡事亦然。始乎谅，常卒乎鄙；其作始也简，其将毕也必巨。夫言者，风波也；行者，实丧也。风波易以动，实丧易以危。故忿设无由，巧言偏辞。兽死不

名师点评

这则寓言是上则寓言的延伸，进一步阐释君臣相处的艰难与危险。庄子提出：要顺从自然，将生死置之度外后，就不存在贪生怕死的问题；若能"乘物以游心，托不得已以养中"则可以避免祸患。

名师注解

[1] 施：改变。
[2] 溢：满溢。
[3] 妄：虚妄。
[4] 阳：公开。
[5] 阴：秘密。
[6] 大至：太甚，太过。

择音，气息弗然，于是并生心厉。剋核大至，则必有不肖之心应之，而不知其然也。苟为不知其然也，孰知其所终！故《法言》曰：'无迁令，无劝成，过度，益也。'迁令劝成殆事，美成在久，恶成不及改，可不慎与！且夫乘物以游心，托不得已以养中，至矣。何作为报也！莫若为致命，此其难者。"

参考译文

　　叶公子高将要出使齐国，他向孔子请教："楚王派我诸梁出使齐国，责任重大。齐国接待外来使节，总是表面恭敬而内心怠慢。平常老百姓尚且不易说服，何况是诸侯呢！我心里非常害怕。您常对我说：'事情无论大小，很少有不用道术可以获得圆满结果的。事情如果办不成功，那么必定会受到国君的惩罚；事情如果办成功了，那又一定会忧喜交集酿出病害。事情办成功或者办不成功都不会留下祸患，只有道德高尚的人才能做到。'我平常都吃粗茶淡饭不追求精致，烧火做饭的人没有追求清凉。我今天早上接受国君诏命到了晚上就得饮用冰水，恐怕是因为我内心焦躁担忧吧！国君交代的事我还没去办，就已经是阴阳失调而导致患病；事情如果办不成功，一定会遭受到国君的惩罚。这两种压力的重压下，做人臣子的我实在承担不起，先生您可以教导我吗？"

　　孔子说："天下有两个可以为戒的大法：一个是天命，一个是人的道义。做儿女的敬爱父母双亲，这是人的自然天性，无法从内心解除的；臣子侍奉君主，这是人为的道义，任何国家都不能没有国君的统治，这是没有办法逃避的现实。这两条是可以为戒的大法。因此子女奉养双亲，无论何种境地都要使父母生活舒适，这是孝心的最高表现；侍奉国君的人，无论办什么样的事都要让国君放心，这是忠诚的极点；注重自我修养的人，不受喜怒哀乐的束缚，知道世事艰难，无可奈何却又能安于天命，这就是道德修养的最高境界。做人臣子的，原本就会有不得已的事情，但是能够认真做事而忘了自己的存在，这样哪里还顾得上眷恋人生、厌恶死亡呢？你如果能这样做就行了！

　　"我再把我听到的告诉你：凡是国家与国家之间的交往，距离近的话就用诚信来往，远的就用忠诚的语言。国家间交往的语言总得有人相互传递。传递两个国君喜怒的语言，是天底下最难做的事情了。如果是两个国君高兴的话必定会充满溢美之辞，如果是愤怒的语言一定会再夹杂一些坏情绪。大凡过度的话语都是虚妄的，虚妄的话两国国君就都不会相信。国君产生怀疑，传达信息的使者就要遭殃。所以古书《法言》说：'要传达真正的言辞，不要传达那些虚妄的话，这样就可以保全自己了'。

　　"那些用机巧互相争斗的人，开始的时候明着斗，到最后就会使用阴谋，更过分的就会运用诡计。按照礼数饮酒的人，开始时规规矩矩合乎人情，到后来常常就一片混乱大失礼仪，达到极点时则荒诞淫乐、放纵无度。无论什么事情恐怕都是这样：开始时相互信任，到头来互相欺诈；开始时单纯细微，临近结束时便变得纷繁巨大。言语犹如风吹的水波，传达言语定会有得有失。风吹波浪容易动荡，有了得失容易出现危难。所以愤怒发作没有别的什么缘由，就是因为这些虚妄之词，不是花言巧语就是激烈偏颇。野兽要死的时候不辨声音的嚎叫，忽然发怒就产生要伤人的恶念头了。过分地苛责别人时，别人一定会产生恶念去报复他，但是他自己还不知道是为什么呢！如果自己都不知道怎么回事，谁还能知道他会有怎样的结果！所以，古书《法言》说：'不要改变自己接受的命令，不要强求成功。过度就会满溢。'改变命令强求成功是一件危险的事情。完成一件好事需要很长的时间，做了坏事想改也来不及，不能不谨慎！顺应事物的自然发展使内心自在舒畅，把事情寄托于不得已而蓄养心中的精气，这就是最好的办法。何必为报答君命而刻意为之！不如顺应自然，如实传达，这样做有什么困难的呢！"

　　颜阖傅卫灵公太子①，而问于蘧伯玉②曰："有人于此，其德天杀③。与之为无方④，则危吾国；与之为有方，则危吾

名师注解

① 颜阖：姓颜名阖，相传为鲁国贤人。傅：古时贵族子弟的老师。卫灵公太子：蒯聩。

② 蘧伯玉：姓蘧，字伯玉，名瑗，相传为卫国的贤大夫。

③ 天杀：天性刻薄凶残。

④ 与之：对他。无方：没有原则。

身。其知适足以知人之过，而不知其所以过。若然者，吾奈之何？"

蘧伯玉曰："善哉问乎！戒之，慎之，正女身也哉！形莫若就^①，心莫若和。虽然，之二者有患。就不欲入，和不欲出^②。形就而入，且为颠为灭^③，为崩为蹶^④。心和而出，且为声为名，为妖为孽。彼且为婴儿，亦与之为婴儿；彼且为无町畦，亦与之为无町畦；彼且为无崖，亦与之为无崖。达之，入于无疵。

"汝不知夫螳螂乎？怒其臂以当车辙，不知其不胜任也，是其才之美者也。戒之，慎之！积伐而美者以犯之，几矣。

"汝不知夫养虎者乎？不敢以生物与之，为其杀之之怒也；不敢以全物与之，为其决之之怒也。时其饥饱，达其怒心。虎之与人异类而媚养己者，顺也；故其杀之者，逆也。

"夫爱马者，以筐盛矢，以蜄盛溺。适有蚉虻仆缘，而拊^⑤之不时，则缺衔毁首碎胸。意有所至而爱有

名师点评

螳螂举起前肢企图阻挡车子前进。做事情要看清自己是否能胜任，如果不自量力，强求做不到的事情，很容易会遭遇失败。

名师注解

① 形：表面。就：近，附和。
② 出：表露，显露。
③ 颠：倒，堕落。灭：毁坏，败坏。
④ 崩：垮。蹶：跌倒，失败。
⑤ 拊：拍击。

所亡，可不慎邪！"

　　颜阖受邀去卫，做卫国太子的师傅，他向卫国贤大夫蘧伯玉求教："有这样的一个人，他天生刻薄凶残。如果顺应他，势必危害自己的国家；如果用法度约束他，就会危及我自己。他的智慧足以了解别人的过失，却不了解别人为什么会出现过错。像这样的情况，我将怎么办呢？"

　　蘧伯玉答："你问得好啊！一定要小心谨慎，首先要端正你自身！表面上不如表现出亲近的神态，而内心里却要顺其秉性、暗暗疏导。即使这样，还是有隐患的。亲近他也不能太过分，引导他的时候也不要太过明显。如果过于亲近他，就会招致颠仆毁灭。引导他太过明显的话，就会被误认为是为了名声，也会招致祸害。他如果像个天真的孩子一样，你也姑且跟他一样，像个无知无识的孩子；他如果和你不分界线，那么你和他也不要分界线；他如果放荡不羁，那么你也要跟他一样放荡不羁。如果能像这样引导他，就会近乎没有瑕疵之境了。

　　"你不了解螳螂吗？奋力地举起自己的手臂去阻挡车轮的前进，却不知道自己的力量不能够承担，是因为把自己的才智看得太高了。警惕呀！谨慎呀！若是因经常夸耀自己的才能而惹怒他的话，那就危险了！

　　"你不了解那养虎的人吗？他从不敢用活物去喂养老虎，因为他担心扑杀活物会激起老虎凶残的天性；他也从不敢用完整的动物去喂养老虎，因为他担心撕裂动物也会诱发老虎凶残的天性。（与老虎相处要）知道老虎饥饱的时刻，通晓老虎暴戾凶残的秉性。老虎和人类是不同的，老虎要向饲养的人摇尾乞怜，因为养老虎的人能顺应老虎的性子，而那些遭到扑杀的人，是因为违逆了老虎的性情。

　　"那些爱马的人，用精细的竹筐装马粪，用珍贵的器具去接马尿。刚巧有蚊子、牛虻叮在马身上，爱马的人出于爱惜不分时机随手拍击，没想到马儿却因为受惊咬断了勒口、挣断了辔头、弄坏了胸络。本意是爱马却失其所爱，能够不小心谨慎吗？"

匠石①之齐，至于曲辕②，见栎社树③。其大蔽数千牛，絜④之百围，其高临山十仞而后有枝，其可以为舟者，旁十数。观者如市，匠伯不顾，遂行不辍。

弟子厌观之，走及匠石，曰："自吾执斧斤以随夫子，未尝见材如此其美也。先生不肯视，行不辍，何邪？"

曰："已矣。勿言之矣！散木也，以为舟则沉，以为棺椁则速腐，以为器则速毁，以为门户则液㯓，以为柱则蠹⑤，是不材之木也，无所可用，故能若是之寿。"

匠石归，栎社见梦曰："女将恶乎比予哉？若将比予于文木邪？夫柤⑥梨橘柚果蓏之属，实熟则剥，剥则辱；大枝折，小枝泄。此以其能苦其生者也，故不终其天年而中道夭，自掊击于世俗者也。物莫不若是。且予求无所可用久矣。几死，乃今得之，为予大用。使予也而有用，且得有此大也邪？且也若与予也皆物也，奈何哉其相物也？而几死之散人，又恶知散木！"

这则寓言写出了栎社树因无所用而得以全生，反衬其他树木因有用而不能得以长生。点出无用为大用，在现代社会，这一观点也有教益。比方说，平时在"有用"的教材之外学习的那些看似无用的知识，会提升一个人的整体素质，这个人将来必定会受益。

名师注解

① 匠石：名字叫石的木匠。
② 曲辕：地名。
③ 栎：树名。社树：被拜为土地神的树。
④ 絜：用绳子计量圆筒形物体的粗细。
⑤ 蠹：蛀木虫。
⑥ 柤：通"楂"，即山楂。

匠石觉而诊其梦。弟子曰："趣①取无用，则为社何邪？"

曰："密！若无言！彼亦直寄焉，以为不知己者诟厉②也。不为社者，且几有翦乎！且也彼其所保与众异，而以义誉之，不亦远乎！"

参考译文

　　有个叫石的木匠要到齐国去，来到曲辕这个地方，看见一棵被世人当作神社的栎树。这棵树大到可以供数千头牛乘凉，用绳子绕着树干量一量，足有十丈粗，树梢高临山巅，离地面八十尺处方才有分枝，用它来造船可造十余艘。前来欣赏的人就像赶集似的摩肩接踵，而这位匠人连瞧也不瞧一眼，仍旧不停地往前走。他的弟子站在那儿看了个够，跑着追上匠人，说："自从我开始拿起爷头追随您以来，从不曾见过这样壮美的树木。可是先生却不肯看一眼，不住脚地往前走，为什么呢？"

　　（匠人石回答）说："算了，不要再说了。那是没有用的散木。用它做成船一定会沉没，用它做成棺材很快就会腐烂，用它做成器具很快会用坏，用它做成屋门会流出浆来，用它做梁柱会被虫子蛀掉，这是不能取材的木头。没有什么用处，因此它才能有如此长的寿命。"

　　匠石回到家里，夜里梦见社树对他说："你要用什么东西跟我相提并论呢？你要把我和那些有用的文木比较吗？那些楂、梨、橘、柚都属于果树，果实成熟就会被打落在地，打落果子时枝干也就会遭受摧残，大的枝干被折断，小的枝丫被拽下来。都是因为有才能而使自己的一生受苦，所以常常不能终享天年而半途夭折，都是因为自己有用途才招来世俗的打击。事物没有不是这样的。我寻求使自己没用的方法已经很久了，曾经差点被砍死，这才保全住性命，无用也就成就了我最大的用处。如果我有用处，还能够获得延

名师注解

① 趣：追求。

② 诟厉：谩骂。

年益寿这一最大的目的吗？况且你和我都是'物'，你这样看待事物怎么可以呢？你是将要死的散人，又怎么会真正懂得没有用处的树木呢！"

匠石醒来后就把自己做的梦告诉了弟子。弟子说："它意在追求没有用处，为什么还要做社神呢？"

匠石说："停止！别说了！栎树只不过是寄托于社罢了。不理解它的人非议它。如果它不做社树，不就要遭到砍伐之害了吗？况且它用来保全自己的办法与众不同，而用常理来评价它，那不就相去太远了吗？"

南伯子綦①游乎商之丘②，见大木焉，有异，结驷③千乘，将隐芘④其所藾。

子綦曰："此何木也哉？此必有异材夫！"仰而视其细枝，则拳曲而不可以为栋梁；俯而见其大根⑤，则轴解而不可以为棺椁；咶其叶，则口烂而为伤；嗅之，则使人狂酲⑥三日而不已。子綦曰："此果不材之木也，以至于此其大也。嗟乎神人，以此不材！"

宋有荆氏⑦者，宜楸柏桑。其拱把而上者，求狙猴之杙者斩之；三围四围，求高名之丽者斩之；七围八围，贵人富商之家求樿傍者斩之。故未终其天年，而中道之夭于斧斤，此材之

名师注解

① 南伯子綦：人名，《齐物论》中写作南郭子綦。

② 商之丘：地名，宋国的都城，今位于河南商丘。

③ 驷：四马拉一车。

④ 芘：通"庇"，隐蔽。

⑤ 大根：树干的底部。

⑥ 酲：酒醉的意思。

⑦ 荆氏：地名。

患也。故解之以牛之白颡者，与豚之亢鼻者，与人有痔病者不可以适河。此皆巫祝^①以知之矣，所以为不祥也。此乃神人之所以为大祥也。

参考译文

南伯子綦在商丘一带游玩，看见一棵长相出奇的大树，大到可以让上千乘马车在树下乘凉歇息。

子綦说："这是棵什么树啊？这树一定有奇特的材质啊！"他仰起头看大树的细枝，只见它们弯弯曲曲的，不能够用来做栋梁；低头观看大树的主干，树心直到表皮文理盘曲，并不可以用来做棺椁；用舌头舔一下树叶，口舌当即溃烂受伤；用鼻闻一闻气味，人像喝多了酒，三天三夜还醒不过来。

子綦说："这果真是不能成材的树木，所以才能长得这么大。唉！神人就是这样显示不才来保全自己的。"

宋国有个叫荆氏的地方，很适合种楸树、柏树和桑树。树干长到一两把粗的时候，想用它做系猴子木桩的人就把它砍掉了；树干长到三四围粗的时候，地位高贵、名声显赫的人家为寻求建屋的大梁，便把树木砍去了；长到七八围粗的时候，富贵人家想用来做棺材的就把它砍掉了。因此，这些树未能享尽天年就中途夭折在斧头之下，这就是材质有用带来的祸患。因此，古人祈祷神灵消除灾害，凡是白额头的牛、鼻孔朝天的猪以及长痔疮的人，都不能够用来祭河神，这些情况巫师全都了解，认为他们都是很不吉祥的。不过这些"不祥"正是"神人"所认为的世上最大的吉祥。

名师注解

① 巫祝：巫师。

......

孔子适①楚，楚狂接舆游其门曰："凤兮②凤兮，何如德之衰也！来世不可待，往世不可追也。天下有道，圣人成焉；天下无道，圣人生③焉。方今之时，仅免刑焉。福轻乎羽，莫之知载；祸重乎地，莫之知避。已乎已乎，临人以德！殆乎殆乎，画地而趋！迷阳④迷阳，无伤吾行！郤曲郤曲，无伤吾足！"

山木自寇⑤也；膏火自煎也。桂可食，故伐之；漆可用，故割之。人皆知有用之用，而莫知无用之用也。

这段可以和《论语》的相关内容对照着阅读，从而看出儒家和道家立场的不同。

 参考译文

孔子来到楚国，楚国的隐士接舆有意来到孔子门前，唱道："凤鸟啊！凤鸟啊！你的德行怎么会衰退！来世是不能期待的，过去的时日无法追回。天下有道，圣人就能够成就事业；天下无道，圣人也只得顺应潮流苟全生存。当今这个时代，怕就只能免遭刑辱。幸福是比羽毛还要轻的，而不知道怎么取得；灾难是比大地还要重的，但是却不知道怎样去躲避。算了吧！算了吧！不要在别人的面前显示自己的德行了。危险啊！危险啊！人为地划出一条道路让人们去遵循！遍地的荆棘啊，不要妨碍我的行走！曲曲弯弯的道路啊，不要伤害我的双脚！"

名师注解

① 适：去，来到。

② 凤兮：以凤凰来讽喻孔子。

③ 生：保全性命。

④ 迷阳：一种多刺的草，即荆棘。

⑤ 自寇：自己招来砍伐的祸害。

　　山上的树木都因为材质可用而使自己招来被砍伐的祸害，油脂都因为可以燃烧照明而自取熔煎。桂树皮因为芳香可以食用，所以就会遭受砍伐；漆树因为可以派上用场，所以就要遭受刀割的祸害。人们都知道它们有用的用处，却没有人懂得无用的用处。

精华赏析

　　这一篇充分体现了庄子在现实时务中的养生之道，尤其是"知其不可奈何而安之若命，德之至也""乘物以游心，托不得已以养中，至矣"等句子，表达了道家的为人处世之道。他为什么会有那种超越现实、超越自然的虚幻的人生态度呢？因为那个时代现实的残酷，以及他所看到的人情世态的虚伪和狡诈的一面，他宁愿置身于尘世之外，去追求"乘物以游心"的大境界。

延伸思考

　　"螳臂当车"和"蚍蜉撼树"的成语是什么意思？出自哪里？

德充符

名师导读

　　本篇中的"德"，并非世人通常所理解的德行或者道德，而是指"忘形"与"忘情"的境地。即物我两忘，死生如一，心中没有宠辱、贵贱之分。这是庄子心中的完美道德标准，为了佐证这个，他还举例予以说明，从而开创性地将道德纳入审美范畴，重新塑造了理性之美。

　　鲁有兀^①者王骀^②，从之游者，与仲尼相若。常季^③问于仲尼曰："王骀，兀者也，从之游者与夫子中分鲁。立不教，坐不议，虚而往，实而归。固有不言之教，无形而心成者邪？是何人也？"

　　仲尼曰："夫子，圣人也，丘也直后而未往耳。丘将以为师，而况不若丘者乎！奚假鲁国！丘将引天下而与从之。"

　　常季曰："彼兀者也，而王先生，其与庸^④亦远矣。若然^⑤者，其用心也独若之何？"

名师注解

① 兀：通"刖"（yuè），古代断足的刑法。"兀者"就是受过刖刑的人。

② 王骀（dài）：本文虚构的人物。

③ 常季：孔子的弟子。

④ 庸：庸常，指平凡的人。

⑤ 若然：像这个样子。

仲尼曰："死生亦大矣，而不得与之变，虽天地覆坠，亦将不与之遗。审乎无假^①而不与物迁，命物之化而守其宗也。"

常季曰："何谓也？"

仲尼曰："自其异者视之，肝胆楚越也；自其同者视之，万物皆一也。夫若然者，且不知耳目之所宜，而游心^②乎德之和；物，视其所一而不见其所丧，视丧其足犹遗土也。"

常季曰："彼为己，以其知得其心，以其心得其常心，物何为最之哉？"

仲尼曰："人莫鉴于流水而鉴于止水，唯止能止众止。受命于地，唯松柏独也，在冬夏青青；受命于天，唯舜独也正。幸能正生^③，以正众生。夫保始之徵^④，不惧之实。勇士一人，雄入于九军。将求名而能自要^⑤者，而犹若是，而况官天地，府万物，直寓六骸，象耳目，一知之所知，而心未尝死者乎！彼且择日而登假，人则从是也。彼且何肯以物为事乎！"

名师注解

① 审：明悉。无假：无所假借。

② 游心：心灵遨游。

③ 正生：端正自己的心性。生，通"性"。

④ 徵（zhēng）：应验。

⑤ 自要：自我要求，这里指自求上进。

参考译文

　　鲁国有个曾受刖刑被砍掉一只脚的人，名叫王骀，跟从他学习的人却跟孔子的门徒一样多。孔子的学生常季问孔子：“王骀是个被砍去了一只脚的人，跟从他学习的人在鲁国却和先生的弟子相当。他站着不去给人教诲，坐着不去议论大事；弟子们空怀而来，却学满而归。难道确有不用言表的教导，只通过无形的潜移默化而影响其内心？这又是什么样的人呢？”

　　孔子说：“他是一位圣人，我的学识和品行都落后于他，只是还没有前去请教他罢了。我将把他当作老师，更何况那些不如我的人呢！不仅限于鲁国，我将要引导天下的人向他学习。”

　　常季说：“他是一个被砍去了一只脚的刑余之人，而学识和品行竟超过了先生，那他与普通人相比一定高深得多。如果是这样的话，他运用心智是怎样与众不同的呢？”

　　孔子回答说：“死或生都是人生大事，但却不能够影响到他，即使是天翻地覆，他也不会受影响而失去自我；他通晓无所依凭的道理而不随物变迁，主宰事物的变化，执守万物应坚守的准则。”

　　常季问：“这是什么意思呢？”

　　孔子说：“从事物千差万别的一面去看，肝和胆就像楚国和越国一样毫不相同；从事物都有相同的一面去看，万事万物又都是同一的。如果了解了这一点，就不去管眼睛和耳朵适合什么样的颜色和声音了，而让心灵在德行和谐的环境中自由自在地遨游。视万物为一体就不会失去什么，看见自己断了一只脚就好像掉了块泥巴一样毫不介意。”

　　常季说：“王骀运用自己的智慧来提高自己的道德修养，他运用自己的心智去追求自己的理念。如果达到了忘情、忘形的境界，众多的弟子为什么还聚集在他的身边呢？”

　　孔子回答说：“一个人不会在流动的水面照见自己的身影而要面向静止的水面，只有静止的事物才能使别的事物也静止下来。各种树木都受命于地，但只有松树和柏树得到了自然的正气，因而能够无论冬夏都青翠；每个人都受命于天，但只有尧和舜道德品行最为端正，因而成为首领。幸而他们都善于端正自己的品行，因此才能够引导众人。假如能够保全刚开始的征验，心怀无所畏惧的胆识，一个勇士也敢于冲进千军万马之中。将士追求名声尚且要求自己做到这样，更何况是主宰天地，包容万事万物，把身体当作寄居的地方，把耳朵和眼睛所听所见当作幻象，仅凭一个人的智慧就能明白众人所能想得到的，而心中从未想到过死的人呢？他一定将选择好日子升登最高的境界，因而众人都会追随他。他怎么肯把众人的追随当回事呢？"

申徒嘉①，兀者也，而与郑子产②同师于伯昏无人③。子产谓申徒嘉曰："我先出则子止。子先出则我止。"

其明日，又与合堂同席而坐。子产谓申徒嘉曰："我先出则子止，子先出则我止。今我将出，子可以止乎，其未邪？且子见执政而不违④，子齐执政乎？"

申徒嘉曰："先生之门，固有执政焉如此哉？子而悦子之执政而后人⑤者也？闻之曰：'鉴明则尘垢不止，止则不明也。久与贤人处则无过。'今子之所取大者，先生也，而犹出言若是，不亦过乎！"

子产曰："子既若是矣，犹与尧争善，计子之德，不足以自反邪？"

申徒嘉曰："自状其过，以不当亡者众，不状其过，以不当存者寡，知不可奈何，而安之若命，唯有德者能之。游于

名师注解

① 申徒嘉：虚拟的人物。

② 郑子产：春秋时郑国的大夫，复姓公孙，名侨，字子产。

③ 伯昏无人：虚构的人物。

④ 违：避讳的意思。

⑤ 后人：瞧不起别人。

羿①之彀②中。中央者，中地也；然而不中者，命也。人以其全足笑吾不全足者多矣，我怫然而怒；而适先生之所，则废然而反。不知先生之洗我以善邪？吾与夫子游十九年矣，而未尝知吾兀者也。今子与我游于形骸之内，而子索我于形骸之外，不亦过乎！"

子产蹴然③改容更貌曰："子无乃称！"

申徒嘉是个受刑被砍掉了一只脚的人，跟郑国的大夫子产同拜伯昏无人为师。子产对申徒嘉说："我先出去那么你就留下，你先出去那么我就留下。"

到了第二天，子产和申徒嘉同在一个屋子里、同在一条席子上坐着。子产对申徒嘉说："我先出去，那么你就留下，你先出去，那么我就留下。现在我将出去，你是留下呢，还是不留下呢？你见了我这执掌政务的大官却不知道回避，你把自己看得跟我这个执政的大臣一样吗？"

申徒嘉回答说："先生的门下，哪有如此傲慢的执政大臣呢？你津津乐道于自己执政大臣地位，就能不把别人放在眼里吗？我听说：'镜子明亮尘垢就不停地落在上面，尘垢落在上面镜子也就不会明亮。久与贤人相处，自己就不会犯过失。'你拜师从学、追求广博精深的见识，正是先生所倡导的大道。而你竟说出这样的话，难道不过分吗？"

子产说："你已经如此形残体缺，还要跟唐尧争比善心，看看你的德行，受过断足之刑还不足以使你有所反省吗？"

名师注解

① 羿：也被称为后羿，相传他曾射下九个太阳。

② 彀：箭射出的范围。

③ 蹴然：因羞愧而紧张不安。

申徒嘉说："一个人辩解自己的错误，认为自身不应当残缺的人很多；自身残缺后，不辩解自己的过失，认为自己不应当健全的人很少。知道对事情的无奈能安于命运的，只有有德的人才能够做到。在后羿的射程之内，正中间的地方，进入了必然能被射中的地方，但却没有射中，这就是命。因为自己有两只脚就嘲笑只有一只脚的人很多，我常常脸色陡变、怒气填胸；但是到了先生这里，怒气就消失了。这难道不是先生用善道洗净我的心灵吗？我向先生求学已经十九年了，可是先生从不曾感到我是个断了脚的人。现在你与我以德相交，但是你却要用我的外表来评价我，不是很过分吗？"

子产感到羞愧，脸色顿改而恭敬地说："请你不要说下去了。"

鲁有兀者叔山无趾①，踵②见仲尼，仲尼曰："子不谨，前既犯患若是矣。虽今来，何及矣！"

无趾曰："吾唯不知务而轻用吾身，吾是以亡足。今吾来也，犹有尊足者存，吾是以务全之也。夫天无不覆，地无不载，吾以夫子为天地，安知夫子之犹若是也！"

孔子曰："丘则陋③矣。夫子胡不入乎，请讲以所闻！"

无趾出。孔子曰："弟子勉之！夫无趾，兀者也，犹务学以复补前行之恶，而况全德之人乎！"

无趾语老聃曰："孔丘之于至人，其未邪？彼何宾宾以学子为？彼且蕲以諔诡幻怪之名闻，不知至人之以是为己桎梏④邪？"

名师注解

① 叔山无趾：虚构的人物，无趾：脚趾被切断。

② 踵：脚后跟，这里指用脚后跟行走。

③ 陋：浅陋。

④ 桎梏：束缚。

老聃曰："胡不直使彼以死生为一条，以可不可为一贯者，解其桎梏，其可乎？"

无趾曰："天刑之，安[①]可解！"

参考译文

鲁国有个受刖刑被砍去脚趾的人，名叫叔山无趾，他用脚后跟行走去拜见孔子。孔子对他说："因为你不谨慎，所以犯了过错，遭受这样的惩罚，即使现在来求教，又怎么能够来得及呢？"

叔山无趾说："我只因不识事理而轻率触犯法律，因此才失去了脚趾。如今我来，是因为还有比脚趾更贵重的道德修养，所以我要尽力保全它。没有什么东西不是被天覆盖着的，没有什么东西不是被地托载着的，我把先生看作天地，怎么知道先生原来是这样的啊！"

孔子说："是我孔丘鄙陋。你为什么不进来，请把你所知晓的道理讲一讲。"

叔山无趾离开了。孔子对弟子们说："你们要努力啊！叔山无趾是一个因刑被砍掉脚趾的人，都努力修道，希望能够弥补以前所犯的过错，何况道德品行乃至身形体态都没有什么缺欠的你们呢！"

叔山无趾告诉老子说："要想成为一个道德修养至上的人，孔丘恐怕还未能达到吧？他为什么频频地来向您求教呢？他只是希望能以奇异虚妄的名声闻达于天下，难道他不懂得道德修养至上的人总是把这一切看作束缚自己的枷锁吗？"

老子说："你为什么不使他明白死和生是一样的，把可和不可看成是平齐的呢，从而解除他的束缚呢，这样就可以了吧？"

叔山无趾说："这是上天加给他的刑法，怎么能够解除呢？"

名师注解

① 安：怎样。

　　鲁哀公问于仲尼曰："卫有恶人①焉，曰哀骀它②。丈夫与之处者，思而不能去也。妇人见之，请于父母曰：'与为人妻，宁为夫子妾'者，十数而未止也。未尝有闻其唱者也，常和人而已矣。无君人之位以济乎人之死，无聚禄以望人之腹。又以恶骇③天下，和而不唱，知不出乎四域，且而雌雄④合乎前。是必有异乎人者也。寡人召而视之，果以恶骇天下。与寡人⑤处，不至以月数，而寡人有意乎其为人也；不至乎期年，而寡人信之。国无宰，寡人传国焉。闷然而后应，氾而若辞。寡人丑乎，卒授之国。无几何也，去寡人而行，寡人恤焉若有亡也，若无与乐是国也。是何人者也？"

　　仲尼曰："丘也尝使于楚矣，适见㹠子食于其死母者，少焉眴若，皆弃之而走。不见己焉尔，不得类焉尔。所爱其母者，非爱其形⑥也，爱使其形者也。战而死者，其人之葬也不以翣资；刖者之屦，无为爱之；皆无其本矣。为天子之诸御，不翦爪，不穿耳；取妻者止于外，不得复使。形全犹足以为尔，而况全德之人乎！今哀骀它未言而信，无功而亲，使人授己国，唯恐其不受也，是必才全而德不形者也。"

──────────────────────

名师注解

① 恶人：指形貌丑陋的人。

② 哀骀（tái）它：此处是虚构的人物。

③ 骇：惊扰，惊动。

④ 雌雄：指妇女、丈夫。

⑤ 寡人：寡德之人，国君的自谦说法。

⑥ 形：显现，显露。

哀公曰："何谓才全？"

仲尼曰："死生、存亡、穷达①、贫富、贤与不肖、毁誉、饥渴、寒暑，是事之变，命之行也；日夜相代乎前，而知不能规乎其始者也。故不足以滑和②，不可入于灵府。使之和豫通而不失于兑③；使日夜无郤④，而与物为春，是接而生时于心者也。是之谓才全。"

"何为德不形？"

曰："平者，水停之盛也。其可以为法也，内保之而外不荡也。德者，成和之修也。德不形者，物不能离也。"

哀公异日以告闵子曰："始也吾以南面而君天下，执民之纪而忧其死，吾自以为至通矣。今吾闻至人之言，恐吾无其实，轻用吾身而亡其国。吾与孔丘，非君臣也，德友而已矣！"

鲁哀公问孔子："卫国有一个相貌十分丑陋的人，名叫哀骀它。男子与他相处，常常会因其思想深邃而不舍得离去。女子见他后，就会向父母提出请求，说：'与其做别人的妻子，不如去做哀骀它的妾。'这样的女人已经

名师注解

① 达：通达。
② 和：和顺。
③ 兑：通"悦"，高兴。
④ 郤：通"隙"，缝隙。

有十几个了且人数还在增加。从来也没有听见哀骀它倡导什么，只是见他经常附和别人罢了。他既没有居于统治者的地位能拯救他人于死地，也没有聚敛大量的财物能去填饱他人的肚子。他面貌丑陋使天下人吃惊，又总是附和他人而从没首倡什么，他的才智也超不出世人之外，但是男子女子都聚集在他面前。这样的人一定有什么异于常人的地方。我把他召来看了看，果真相貌丑陋足以惊骇天下人。但我和他相处还不到一个月，我就感觉他有过人之处；不到一年，我就非常信任他了。恰好当时国家没有宰相，我就把国事委托给他，他神情淡然地答应下来，漠然却并没有推辞。我觉得非常惭愧，最后还是把国事委托给他了。没有过多久，他就离开我走掉了，我心里非常烦闷，像丢失了什么一样，好像整个国家没有谁可以跟我一道共欢乐似的。他究竟是什么样的人呢？"

孔子说："我也曾经出使到楚国，正巧看见一群小猪在刚刚死去的母猪身上吃奶，不一会又惊惶地舍弃母猪逃跑了。因为母猪已经死去，她不能像先前活着时那样哺育它们。小猪爱它们的母亲，不是爱它的形体，而是爱支配那个形体的精神。战死沙场的人，埋葬他们就不用棺材；被砍掉脚的人，对他们的鞋子，就不会再去爱惜了；这都是因为失去了生命和脚这个根本。做天子的御女，不剪指甲不穿耳眼；婚娶之人只在宫外办事，不会再到宫中服役。身体完整的人都能做到这点，何况德性完美而高尚的人呢？如今哀骀它他不说话也能取信于人，没有功绩也能赢得亲近，让人乐意授给他国事，还唯恐他不接受，这一定是才智完备而德不外露的人。"

哀公问："什么是'才全'呢？"

孔子答："死、生、存、亡，穷、达、贫、富，贤良与不肖，诋毁与赞誉，饥渴与寒暑，都是世事的变化，都是自然规律的运行；就好像日夜更替于我们面前，而人的智慧却不能窥见它们的起始。因此，它们都不足以扰乱我们的内心，也不能进入人们的心灵。使内心平和安适通达又不失愉悦，让心境日夜不间断地跟随万物融会在春天般的生气里，顺应外物使自己的心灵任随四时的变化而逍遥自得，这就叫作才智完备。"

哀公问："什么又叫作'德不形'呢？"

孔子答："水平是水静止的最高状态。它可以作为取而效法的准绳，如果内心保持平静就不会因为外界事物而动荡。所谓德，就是事得以成功、物得以顺和的最高修养。德不外露，万物就会依附离不开它。"

有一天，鲁哀公将与孔子的这番对话告诉了闵子，说："刚开始的时候，我坐朝当政统治天下，掌握国家的纲纪而忧心人民的死活，我自以为非常通达了。如今我听到了至圣之人的言论，恐怕我言过其实，刚愎自用而使国家陷于危亡的境地。我和孔子不是君臣关系，而是以德相交的朋友啊。"

闉跂支离无脤说①卫灵公，灵公说②之；而视全人，其脰③肩肩④。瓮㼜大瘿⑤说齐桓公，桓公说之；而视全人，其脰肩肩。故德有所长，而形有所忘。人不忘其所忘，而忘其所不忘，此谓诚忘。

故圣人有所游，而知为孽⑥，约为胶，德为接，工为商。圣人不谋，恶用知？不斫，恶用胶？无丧，恶用德？不货，恶用商？四者，天鬻⑦也；天鬻者，天食也。既受食于天，又恶用人！

有人之形，无人之情。有人之形，故群于人，无人之情，故是非不得于身。眇乎小哉，所以属于人也！謷⑧乎大哉，独成其天！

惠子谓庄子曰："人故无情乎？"

名师注解

① 说：游说，劝说。

② 说：通"悦"，喜悦。

③ 脰（dòu）：颈、脖子。

④ 肩肩：细小状。

⑤ 瓮㼜大瘿：庄子虚拟的人物，就是颈部上有个巨大瘤子的人。

⑥ 孽：灾祸。

⑦ 天鬻：自然的养育。天，自然。鬻，通"育"，养育。

⑧ 謷（áo）：高大的样子。

庄子曰："然。"

惠子曰："人而无情，何以谓之人？"

庄子曰："道与之貌，天与之形，恶得不谓之人？"

惠子曰："既谓之人，恶得无情？"

庄子曰："是非，吾所谓情也。吾所谓无情者，言人之不以好恶内伤其身，常因①自然而不益②生也。"

惠子曰："不益生，何以有其身？"

庄子曰："道与之貌，天与之形，无以好恶内伤其身。今子外乎子之神，劳乎子之精，倚树而吟，据槁梧而瞑。天选子之形，子以坚白鸣！"

参考译文

　　有一个跛脚、驼背、缺嘴的人去游说卫灵公，卫灵公十分喜爱他；再看身体健全的人，反而觉得他们的脖子太细了。一个颈瘤大如瓮盎的人游说齐桓公，齐桓公十分喜爱他；看那些体形完整的人，反而觉得他们的脖颈实在是太细太细了。所以，若在德行方面有超出常人的地方而在形体方面的缺陷，别人就会有所遗忘。人们不忘所应当忘记的形体，而忘记了所不应当忘记的德行，这就叫真正的遗忘。

　　因此圣人总能悠然自在，把智慧取巧看作灾孽，把盟约看作禁锢，把施恩惠看作交接的手段，工于取巧是商贾的作为。圣人没有什么要谋求的，哪儿用得着取巧呢？顺其自然又怎么会用得着结誓盟约呢？圣人从不感到缺损，哪里用得着显示德行？圣人从不买卖以谋利，哪里用得着经商？这四种做法

名师注解

① 因：顺着。

② 益：增添。

叫作天养。所谓天养，就是禀受自然的养育。既然受养于自然，又哪里用得着人为呢！

圣人有人的形体，但却没有人的偏执情感。有人的形体，因此和人交往形成群体；没有人的偏执情感，因此普通人的是非不能够影响他。渺小啊！和人属于同类。伟大啊！和自然同为一体。

惠子对庄子说："人原本是没有情的吗？"

庄子说："是的。"

惠子说："如果人没有情，怎么能够叫作人呢？"

庄子说："道赋予人容貌，天赋予人形体，怎么能不称作人呢？"

惠子说："既然已经称作了人，又怎么能够没有情？"

庄子说："这不是我所说的情。我说的无情，是指人不用好恶去损害自己的本性，常常顺应自然而不人为增益些什么。"

惠子说："不增益什么，靠什么来保有自己的身体呢？"

庄子说："道给予人容貌，天给予人形体，不因好恶而使自己的本性受到损害。现在你神驰于外，精劳于内，外则倚在树下沉吟，内则靠着几案昏睡。上天给你形体，你却对'坚''白'论自鸣得意。"

延伸思考

本篇一共记载了五个故事，你记住了哪一个？试着讲一讲故事的内容并谈谈你的理解。

大宗师

名师导读

　　"宗"是敬仰、尊崇的意思，"大宗师"就是最值得敬仰、尊崇的老师。庄子心中的大宗师是"道"，即清心寂神，离形去智，生死两忘，顺应自然。

　　知天之所为①，知人之所为者，至矣。知天之所为者，天而生也；知人之所为者，以其知之所知，以养其知之所不知，终其天年而不中道夭者，是知之盛也。虽然，有患。夫知有所待而后当②，其所待者特未定也。庸讵知吾所谓天之非人乎？所谓人之非天乎？且有真人而后有真知。

　　何谓真人？古之真人，不逆寡，不雄成③，不谟④士。若然者，过⑤而弗悔，当而不自得也；若然⑥者，登高不慄，入水不濡⑦，入火不热。是知之能登假于道者也若此。

名师注解

① 天：自然。为：运化。

② 当：恰当。

③ 雄：逞强。成：成功。

④ 谟：谋虑。

⑤ 过：过失。

⑥ 若然：像这个样子。

⑦ 濡：沾湿。

古之真人，其寝不梦，其觉无忧，其食不甘，其息深深。真人之息以踵，众人之息以喉。屈服者，其嗌言若哇①。其耆欲②深者，其天机浅。

古之真人，不知说生，不知恶死；其出不䜣，其入不距③；翛然④而往，翛然而来而已矣。不忘其所始，不求其所终；受而喜之，忘而复之，是之谓不以心捐道，不以人助天，是之谓真人。若然者，其心忘，其容寂，其颡颒⑤；凄然似秋，暖然似春，喜怒通四时，与物有宜而莫知其极。故圣人之用兵也，亡国⑥而不失人心；利泽施乎万世，不为爱人。故乐通物，非圣人也；有亲，非仁也；天时，非贤也；利害不通，非君子也；行名失己，非士也；亡身不真，非役人也。若狐不偕⑦、务光⑧、伯夷、叔齐⑨、箕子、胥余、纪他、申徒狄，是役人之役，适⑩人之适，而不自适其适者也。

古之真人，其状义而不朋，若不足而不承；与乎其觚而不

名师注解

① 嗌（ài）言：堵在喉咙里的话。哇：呕吐。

② 耆：通"嗜"，爱好。

③ 距：通"拒"，拒绝。

④ 翛（xiāo）然：自在，没有拘束的样子。

⑤ 颡颒：前额宽大的样子。

⑥ 亡国：亡人之国。

⑦ 狐不偕：姓狐，字不偕，古代的贤人。

⑧ 务光：传说夏时人，商汤王让天下给他，他却不肯接受，后负石投庐水自杀。

⑨ 伯夷、叔齐：商时孤竹君的两个儿子，因不食周粟而饿死。

⑩ 适：以……为安适。

坚也，张^①乎其虚而不华^②也；邴邴乎其似喜也，崔乎其不得已乎！滀乎进我色也，与乎止我德也，厉乎其似世乎！謷^③乎其未可制也；连乎其似好闭也，悗^④乎忘其言也。以刑为体，以礼为翼，以知为时，以德为循^⑤。以刑为体者，绰^⑥乎其杀也；以礼为翼者，所以行于世也；以知为时者，不得已于事也；以德为循者，言其与有足者至于丘也，而人真以为勤行者也。故其好之也一，其弗好之也一。其一也一，其不一也一。其一与天为徒，其不一与人为徒。天与人不相胜^⑦也，是之谓真人。

参考译文

　　知道天道自然运化，知道人的主观能力，这就达到了认识的最高境界了。知道天道自然运化，是懂得事物出于自然；知道人的主观能力，是运用自己的智慧所知道的，去体悟智力所不能知道的，直到自己能享尽天年而没有中途夭折，这就是认识的最高境界。即使这样还会有忧患存在。人们的知识一定要有所依凭才能认定是否恰当，但它所依靠的对象和条件又是变化无常的。怎么能知道我所说的是属于天道自然运化的而不是人为的呢，或是属于人为的不是属于天道自然运化的呢？有了真人以后才有真知。

　　什么是真人呢？古时候的真人，不欺凌弱小，不恃功凌人，不谋虑事情

名师注解

① 张：宽大，广大。

② 华：浮华，虚华。

③ 謷：通"傲"，高远旷放。

④ 悗：漫不经心的样子。

⑤ 循：遵循。

⑥ 绰：宽大，宽余。

⑦ 胜：攻克。

而任其自然。像这样的人，错过机会不会后悔，抓住机会而不洋洋自得。像这样的人，登上高处不会发抖，跳进水中不觉得湿，进入火中不觉得热。知识能达到和道相和的境界才会是这样。

古时候的真人，睡觉时不会做梦，醒来时不会感到忧虑，吃东西不追求美味，呼吸时气息深沉绵长。真人的呼吸用脚跟，平常人却只能靠喉咙呼吸。议论被驳倒时，言语吞吞吐吐卡在喉咙里，就像呕吐一样难受。嗜欲深的人，对道的领悟就浅。

古时候的真人，不因为活着而高兴，也不厌恶死亡。既不为活着感到欣喜，也不拒绝自然的死亡。无拘无束地来，无拘无束地走。不会忘记自己从哪里来，也不去寻求自己最终要去的地方。欣然接受来临的事情，忘记生死，回归自然。这是不用心智捐弃道，不人为地去干预天道，这就叫真人。像这样的人，他的心志能做到忘怀一切，专心大道，容貌安详寂静，额头宽大；表情严肃得像秋天一样，态度和蔼得如春天一样，喜怒变化像四时更替一样自然，能顺应外界的事物，因而不能测知他的底蕴。所以，圣人起兵征战之时，虽然使故国灭亡却不会失掉故国的民心；恩泽广施于万世却不偏心。所以说，以与外界的事物交往为乐的人就不会是圣人；有亲疏之别的人，就不是仁人；寻求符合的天时的人，就不是贤人；利害不能相通为一的人，就不是君子；为了追求名声而失去自我的人，就不是士人；丧身失性，就不能服务世人。像狐不偕、务光、伯夷、叔齐、箕子、胥余、纪他、申徒狄，这些人都是把别人的事当作自己的事，使别人得到舒适，而不是以自己的舒适为舒适。

古时候的真人，形体高大而不自恃，好像不足却又无须承受；态度安闲自然、特立超群而不执着顽固，襟怀宽阔虚空而不浮华；怡然欣喜像是格外高兴，一举一动又像是出自不得已！容颜和悦令人喜欢接近，德性宽和让人乐于归依；胸怀好像世界一般宽广，高放自得从不受什么限制，缄默不语好像喜欢封闭自己，心不在焉的样子又好像忘记了要说的话。（他们）把刑律当作主体，把礼仪当成羽翼来辅助，用已掌握的知识去等待时机，把道德当作要遵循的规律。把刑律当作主体的，即使杀了人也是宽厚仁慈的；把礼数当作辅助的，是用礼仪的教诲在世上施行；用已掌握的知识去等待时机的，是因为世俗而行事；把道德当作规律来遵循的，就像是说大凡有脚的人都能够登上山丘，而人们却真以为是勤于行走的原因。因此，真人喜好的或者不喜好的都是同一的。同一的和不同一的都是浑然为一的。万物齐一是与天道为伍，区分万物是与人道为伍。认为天和人不是互相对立而是两不相伤的人就叫作"真人"。

死生，命也；其有夜旦之常，天也。人之有所不得与，皆物之情也。彼特以天为父，而身犹爱之，而况其卓①乎！人特以有君为愈乎己，而身犹死之，而况其真②乎！

泉涸③，鱼相与处于陆，相呴④以湿，相濡以沫，不如相忘于江湖，与其誉尧而非桀也，不如两忘而化⑤其道。

夫大块载我以形，劳我以生，佚⑥我以老，息我以死。故善吾生者，乃所以善吾死也。夫藏舟于壑⑦，藏山⑧于泽，谓之固矣。然而夜半有力者负之而走，昧者不知也。藏小大有宜⑨，犹有所遁。若夫藏天下于天下而不得所遁，是恒物之大情也。特犯人之形而犹喜之。若人之形者，万化而未始有极也，其为乐可胜计邪！故圣人将游于物之所不得遁而皆存。善妖善老，善始善终，人犹效之，又况万物之所系，而一化之所

名师注解

① 卓：特立，高超，这里指"天道"。

② 真：真宰，这里指"大道"。

③ 涸：水干枯。

④ 呴：吐气。

⑤ 化：化解。

⑥ 佚：通"逸"，闲逸。

⑦ 壑：深谷。

⑧ 山：通"汕"，这里指捕鱼工具。

⑨ 宜：适宜，适合。

待^①乎！

　　夫道，有情有信^②，无为无形；可传而不可受，可得而不可见；自本自根，未有天地，自古以固存；神鬼神帝，生天生地；在太极^③之上而不为高，在六极^④之下而不为深，先天地生而不为久，长于上古而不为老。狶韦氏^⑤得之，以挈天地；伏戏氏^⑥得之，以袭气母；维斗^⑦得之，终古不忒^⑧；日月得之，终古不息；堪坏^⑨得之，以袭昆仑；冯夷^⑩得之，以游大川；肩吾^⑪得之，以处大山；黄帝得之，以登云天；颛顼得之，以处玄宫；禺强^⑫得之，立乎北极；西王母得之，坐乎少广，莫知其始，莫知其终；彭祖得之，上及有虞，下及五伯；傅说得之，以相武丁，奄^⑬有天下，乘东维，骑箕尾，而比于列星。

名师注解

① 待：凭借，凭依。

② 情：实。信：真。

③ 太极：指天地未形成以前，阴阳未分的浑浊之气。

④ 六极：六合，即天地和四方。

⑤ 狶（xī）韦氏：传说中远古时代的帝王。

⑥ 伏戏氏：即伏羲，中华文明的始祖。

⑦ 维斗：北斗星。

⑧ 忒：过错，差错。

⑨ 堪坏：昆仑山之神。

⑩ 冯夷：黄河之神。

⑪ 肩吾：泰山之神。

⑫ 禺强：北海神，人面鸟身。

⑬ 奄：执掌，掌握。

参考译文

生与死都是命中注定的，没法避免，就像黑夜与白天的运行一样，是自然规律，是人无力干预的事情，是事物自身变化的实情。人们把天看作生命之父，而且终身爱戴它，更何况是那超凡卓绝的道呢！人们还总认为国君的势力和地位是超越自己的，而且终身誓死效忠，更何况是那卓绝超凡的道呢？

泉水干涸了，鱼儿困在陆地上相互依偎，互相大口出气来取得一点湿气，以唾沫相互润湿，不如生活在江湖里彻底忘记。与其赞誉唐尧的圣明而非议夏桀的暴虐，不如把他们都忘掉而同化于道。

大地赋予我形体，用生活使我操劳，用衰老使我安逸，用死亡使我歇息。所以，把我的出生看作是善事，也应当把我的死亡看作是善事。把船藏在山谷里，将渔网藏在深水里，可以说是十分可靠了。但是不知不觉中大力的造化已悄悄迁移了，愚昧的人丝毫未觉察，把小东西藏在大东西里面是合适的，不过不免还会丢失。如果把天下藏之于天下中就不会丢失了，这是万事万物的本质。人只要能获得形体就十分高兴了。人的形体，是千变万化没有穷尽的，这种欢乐能计算清楚吗？因此，圣人要在不能亡失的环境里遨游，和大道共同存在。明白老幼和安顺生死的人，人们尚且去效仿，更何况是万物的根源，万物变化所要依靠的道呢？

"道"是真实而又确凿可信的，然而它又是无为和无形的；"道"可以感知却不可以双手接受，可以领悟却不可以看见；"道"自身就是本，就是根，在还未出现天地的远古时代，"道"就已经存在；它产生了鬼神，产生了上帝，产生了天地；它在太极之上却并不算高，它在六极之下不算深，它先于天地存在还不算久，它长于上古还不算老。豨韦氏得到它，用来统领天地；伏羲氏得到它，用来调和元气；北斗星得到它，永远不会改变方位；太阳和月亮得到它，永远不停息地运行；堪坏得到它，以此入驻昆仑山；冯夷得到它，以此巡游大江大河；肩吾得到它，以此驻守泰山；黄帝得到它，以此登得上云天；颛顼得到它，以此居住玄宫；禺强得到它，以此立足北极；西王母得到它，常安居在少广山，没有人知道它年代的终始；彭祖得到它，从有虞时期一直活到了五伯的时期；傅说得到它，做宰相辅佐武丁，执掌天下政事，死后就成了驾乘着东维星和箕尾星的星宿，永远排列在星神的行列里。

南伯子葵①问乎女偊②曰："子之年长矣，而色若孺子，何也？"

曰："吾闻道矣。"

南伯子葵曰："道可得学邪？"

曰："恶！恶可！子非其人也。夫卜梁倚③有圣人之才而无圣人之道，我有圣人之道而无圣人之才，吾欲以教之，庶几④其果为圣人乎？不然，以圣人之道告圣人之才，亦易矣。吾犹告而守之，参日而后能外⑤天下；已外天下矣，吾又守之，七日而后能外物；已外物矣，吾又守之，九日而后能外生；已外生矣，而后能朝彻；朝彻，而后能见独；见独，而后能无古今；无古今，而后能入于不死不生。

杀生者不死，生生者不生。其为物，无不将也，无不迎也，无不毁也，无不成也。其名为撄⑥宁。撄宁也者，撄而后成者也。"

南伯子葵曰："子独恶乎闻之？"

曰："闻诸副墨⑦之子，副墨之子闻诸洛诵之孙，洛诵之孙闻之瞻明，瞻明闻之聂许，聂许闻之需役，需役闻之於讴，

名师注解

① 南伯子葵：庄子虚构的人物，即南伯子綦。

② 女偊：庄子虚构的得道者。

③ 卜梁倚：庄子虚构的人物。

④ 庶几：差不多。

⑤ 外：置之度外，遗忘，超脱。

⑥ 撄：扰乱。

⑦ 副墨：假托的人名，富含文字之意。

於讴闻之玄冥^①，玄冥闻之参寥^②，参寥闻之疑^③始。"

参考译文

　　南伯子葵向女偊请教说："您的岁数已经很大了，但面色看起来却像孩童，这是为什么呢？"

　　女偊回答："我得'道'了。"

　　南伯子葵又问："道是可以学习的吗？"

　　女偊回答说："不，怎么可能呢！你不是学习'道'的人。卜梁倚拥有圣人的才智但是没有圣人的根性，我有圣人的根性但是却没有圣人的才智。我准备教导他，也许他真的可以成为圣人了呢！即使不这样，把圣人的根性传告于具有圣人才气的人，应是很容易的。我凝寂持守，不断引导他，持续三天后便能遗忘天下；既已遗忘天下，再继续凝寂持守，七天之后能遗忘万物；已能不被万物役使，我又凝寂持守，九天后能对自己的生死置之度外；对生死置之度外了，心境就能够明静澄澈；明静澄澈后，就能够悟到真正的'道'；体会到真正的'道'后，就可以就能超越古今的时限；既已能够超越古今的时限，而后便进入无所谓生、无所谓死的境界。

　　大道流行能让万物生死不息，大道是没有生死限制的。它对于万物，无不有所伴送，也无不有所接迎；无不任其毁灭，也无不随其生成，这就叫作'撄宁'。'撄宁'就是能够在外界的万物生死的烦乱中保持宁静平和的心境。"

　　南伯子葵说："这是你从哪里得到的'道'呢？"

　　女偊回答说："我是从文字那里得到的，文字是从诵读那里得到的，诵读是从透彻的见解那里得到的，透彻的见解是从心领神会那里得到的，心领神会是从施行中得到的，施行是从吟咏歌吟那里得到的，吟咏歌吟是从玄妙深远那里得到的，玄妙深远是从高邈空虚那里得到的，高邈空虚是从迷惑之始那里得到的。"

名师注解

① 玄冥：本意为玄奥而深远，此处假托为人名。

② 参寥：本意为空旷，此处假托为人名。

③ 疑：迷惑，迷茫。

子祀、子舆、子犁、子来①四人相与语曰："孰能以无为首②，以生为脊，以死为尻③，孰知死生存亡之一体者，吾与之友矣。"四人相视而笑，莫逆于心④，遂相与为友。

俄而子舆有病，子祀往问之。曰："伟哉，夫造物者将以予为此拘拘⑤也！曲偻⑥发背，上有五管，颐隐于齐，肩高于顶，句赘⑦指天。"阴阳之气有沴，其心闲而无事，跰⑧𨇠而鉴于井，曰："嗟乎！夫造物者又将以予为此拘拘也！"

子祀曰："女恶之乎？"

曰："亡，予何恶！浸假⑨而化予之左臂以为鸡，予因以求时夜；浸假而化予之右臂以为弹，予因以求鸮炙；浸假而化予之尻以为轮，以神为马，予因以乘之，岂更驾哉！且夫得者，时也，失者，顺也；安时而处顺，哀乐不能入也。此古之所谓县解也。而不能自解者，物有结之。且夫物不胜天久矣，吾又何恶焉！"

俄而子来有病，喘喘然将死，其妻子环而泣之。子犁往

名师注解

① 子祀、子舆、子犁、子来：均是庄子虚构的人物。

② 首：头。

③ 尻：脊椎骨末端。

④ 莫逆于心：心灵相通，不违背共识。

⑤ 拘拘：弯曲的样子。

⑥ 曲偻：驼背。

⑦ 句赘：颈椎。

⑧ 跰：蹒跚样子。

⑨ 浸假：如果，假如。

问之，曰："叱！避！无怛①化！"倚其户与之语曰："伟哉造化！又将奚以汝为？将奚以汝适？以汝为鼠肝乎？以汝为虫臂乎？"

子来曰："父母于子，东西南北，唯命之从。阴阳于人，不翅②于父母；彼近吾死而我不听，我则悍矣，彼何罪焉！夫大块载我以形，劳我以生，佚我以老，息我以死。故善吾生者，乃所以善吾死也。今大冶铸金，金踊跃曰：'我且必为镆铘'。大冶必以为不祥之金。今一犯人之形，而曰：'人耳人耳'，夫造化者必以为不祥之人。今一以天地为大炉，以造化为大冶，恶乎往而不可哉！"成然③寐，蘧然④觉。

参考译文

子祀、子舆、子犁、子来四个人相互说道："谁能够把无当作头，把生当作脊柱，把死当作尻尾，谁能够通晓生死存亡浑为一体的道理，我就可以跟他交朋友。"四个人都会心地相视而笑，心心相契却不说话，于是就相互结为好友。

不久子舆生病了，子祀去探望他。子舆说："伟大啊！造物者将我变成这样曲屈不伸的样子！腰弯背驼，五脏穴位冲上，下巴隐藏在肚脐之下，肩部高过头顶，弯曲的颈椎形如赘瘤朝天隆起。"阴阳二气乖戾不调，子舆的

名师注解

① 怛（dá）：惊扰，惊动。

② 翅：与"啻"同。

③ 成然：安闲。

④ 蘧（qú）然：惊喜的样子。

心里却十分闲逸，好像没有生病似的，蹒跚地来到井边，对着井水照看自己，说道："哎呀，造物者竟把我变成如此曲屈不伸了！"

子祀说："你讨厌这种变化吗？"

子舆回答："不，我为什么要讨厌这副样子呢？假如造物者将我的左臂变成公鸡，我就用它来报晓；假如造物者将我的右臂变成弹弓，我就用它来打斑鸠烤熟了吃；假如造物者将我的臀部变成车轮，使我的精神成为骏马，我就乘着它出游，难道还要更换别的车马吗？至于生命的获得，是因为适时，生命的丧失，是因为顺应；安于适时而处之顺应，悲哀和欢乐都不会侵入心房。这就是古人所说的解脱了的倒悬之苦，那些不能自我解脱的人，缘于被外物所束缚。况且事物的变化不能超越自然的规律由来已久，我又为什么要厌恶自己现在的变化呢？"

不久，子来生病了，呼吸急促，将要死去，他的妻子儿女围在床边哭泣。子犁前往探望，对他的妻子儿女们说："去，走开！不要惊扰他由生而死的变化！"子犁靠着门跟子来说话："伟大啊，造物者！又将把你变成何物？又将把你送到哪里去呢？把你变成老鼠肝脏吗？把你变成虫蚁的臂膀吗？"

子来说："子女对于父母，不管东西南北，子女都只能听从父母的吩咐调遣。人对自然，与对父母没有区别。它使我靠拢死亡，我如果不听从，那么我就是违逆不顺，而它有什么过错呢！大自然赋予我形体，使我有所寄托，赋予我生命使我劳动，赋予我衰老使我闲适，安排我死亡让我安息。把我的生看作是好事，也因此可以把我的死亡看作是好事。现在如果有一个高超的冶炼工匠铸造金属器皿，金属熔解后跃起说'我将必须成为良剑镆铘'，冶炼工匠一定会认为这是不吉祥的金属。现在人一旦承受了人的外形，便说'成人了！成人了！'造物者一定会认为这是不吉祥的人。现在把整个浑一的天地当作大熔炉，把造物者当作高超的冶炼工匠，什么样的事不会发生呢？"说完，子来安然熟睡，而后又欣喜地醒来。

子桑户、孟子反、子琴张 ① 三人相与友，曰："孰能相与于无相与，相为于无相为？孰能登天游雾，挠挑无极 ②，相忘以生，无所终穷？"三人相视而笑，莫逆于心，遂相与为友。

莫然有间，而子桑户死，未葬。孔子闻之，使子贡往侍事 ③ 焉。或编曲，或鼓琴，相和而歌曰："嗟来桑户乎！嗟来桑户乎！而已反其真，而我犹为人猗！"

子贡趋而进曰："敢问临尸而歌，礼乎？"

二人相视而笑曰："是恶知礼意！"

子贡反，以告孔子，曰："彼何人者邪？修行无有，而外其形骸，临尸而歌，颜色不变，无以命之，彼何人者邪？"

孔子曰："彼，游方之外者也；而丘，游方之内者也。外内不相及，而丘使女往吊之，丘则陋 ④ 矣。彼方且与造物者为人，而游乎天地之一气。彼以生为附赘县 ⑤ 疣，以死为决疣溃痈。夫若然者，又恶知死生先后之所在！假于异物，托于同体；忘其肝胆，遗其耳目；反复终始，不知端倪；芒然仿徨乎尘垢之外，逍遥乎无为之业。彼又恶能愦愦 ⑥ 然为世俗之礼，以观众人之耳目哉！"

名师注解

① 子桑户、孟子反、子琴张：均是庄子所虚构的人物。

② 无极：没有尽头。

③ 侍事：帮助料理后事。

④ 陋：浅陋无知。

⑤ 县：通"悬"，悬挂。

⑥ 愦（kuì）愦：烦乱的样子。

子贡曰："然则夫子何方之依？"

孔子曰："丘，天之戮民也。虽然，吾与汝共之。"

子贡曰："敢问其方。"

孔子曰："鱼相造乎水，人相造乎道。相造乎水者，穿池而养给；相造乎道者，无事而生定。故曰：鱼相忘乎江湖，人相忘乎道术。"

子贡曰："敢问畸人①。"

曰："畸人者，畸于人而侔于天。故曰，天之小人，人之君子；天之君子，人之小人也。"

参考译文

　　子桑户、孟子反、子琴张三个人想交朋友，说："谁能够相互交往于无心交往之中，相互帮助却像没有帮助一样？谁能够超然物外，在无极中忘记了生死，没有穷尽呢？"三个人对视而笑，因为心灵相通，所以结交成了朋友。

　　不久，子桑户去世了，还没有下葬。孔子听说了，就派子贡前去帮忙料理丧事。子贡看到孟子反和子琴张一个在编曲，一个在弹琴，他们相互应和着唱歌："哎呀，桑户啊！哎呀，桑户啊！你已经回归本真了，而我们仍旧在人间做人啊！"

　　子贡上前去问道："请问你们对着尸体歌唱，合乎礼仪吗？"

　　两人相视笑了笑，说："他不知道礼的真正含意啊！"

　　子贡回去以后，把见到的情况告诉给孔子，说："他们都是些什么样的人呢？修无有同一的道，把自身的形骸置于度外，面对着死尸唱歌，欢喜的

名师注解

① 畸人：奇异的人，不平常的人。

容颜和脸色一点也不改变，不知该如何称述他们。他们究竟是些什么样的人呢？"

孔子说："他们都是些摆脱礼仪约束而逍遥于人世之外的人，我是方域内的人，方域外和内是不相关的，但我却让你去凭吊，我实在是浅薄呀！他们和造物主结为朋友，遨游在天地之间。他们把生命看成气的凝结，如同长在身上的大瘤子一样，把死亡看作是破了的脓疮。这样的人，怎么会在意生死先后的差别呢！他们的生命，不过寄托在不同的形体上；忘记了身体里面的肝胆，遗忘了耳朵和眼睛；让生命随自然循环，不知道它们的分际；茫茫然彷徨于人世之外，逍遥自在地过着无所作为的生活。他们又怎能不对世俗的礼节感到厌烦，而故意炫耀于众人的耳目之前呢！"

子贡说："那您遵从哪一方呢？"

孔子说："从自然的角度来讲，我是苍天所惩罚的罪人。即使这样，我仍将跟你们一道去竭力追求至高无上的'道'。"

子贡说："请问，追求'道'的方法是什么？"

孔子说："鱼争相投水，人争相求道。争相投水的鱼，掘地成池便给养充裕；争相求道的人，漠然无所作为便心性平适。所以说，鱼在江湖之中游动就能忘记一切而悠然自得，人在道中就能忘记一切而逍遥自在。"

子贡说："再冒昧地向您请教一下，那些脱俗的异人呢？"

孔子说："异人就是不同于世俗而又等同于自然的人。所以，被自然的观点看成是小人的，在人间却成了君子；被自然的观点看成君子的，却成了人世间的小人。"

颜回问仲尼曰："孟孙才①，其母死，哭泣无涕，中心不戚，居丧②不哀。无是三者，以善处丧盖鲁国。固③有无其实而得其名者乎？回壹怪之。"

名师注解

① 孟孙才：复姓孟孙，名才，庄子虚构的人物。

② 居丧：守丧期间。

③ 固：难道。

仲尼曰："夫孟孙氏尽之矣，进①于知矣，唯简之而不得，夫已有所简矣。孟孙氏不知所以生，不知所以死；不知就先，不知就后；若化为物，以待其所不知之化已乎！且方将化，恶知不化哉？方将不化，恶知已化哉？吾特与汝，其梦未始觉者邪！且彼有骇形而无损心，有旦宅而无情死。孟孙氏特觉，人哭亦哭，是自其所以乃。且也相与吾之耳矣，庸诅知吾所谓吾之乎？且汝梦为鸟而厉乎天，梦为鱼而没于渊。不识今之言者，其觉者乎？其梦者乎？造适不及笑，献笑不及排，安排而去化，乃入于寥天②一。"

颜回向孔子请教，说："孟孙才这个人，他的母亲死了，他哭泣的时候，没有眼泪，心中也没有悲哀，居丧时也不哀痛。这三个方面没有任何悲哀的表现，可是都因善于处理丧事而名扬鲁国。难道真会有无其实而有其名的情况吗？我觉得很奇怪。"

孔子说："孟孙才处理丧事的做法确实是尽善尽美了，大大超过了懂得丧葬礼仪的人。丧礼本应该简化，但是人们却做不到，孟孙才已经有所简化。孟孙才不知道为什么生，为什么死，不迷恋生，却也不人为地找死。他顺应自然的变化成为一物，来应付不能预知的变化；现在将要发生变化了，怎么能够知道没有发生变化的情形呢？现在还没有发生变化，怎么能知道已经发生了变化的情形呢？只有我和你呀，才是做梦似的没有一点儿觉醒的人呢！那些死去了的人只是改变了自身形骸却无损于他们的精神，犹如精神的寓所

名师注解

① 进：超过。

② 寥天：寂寥的环境，此处指道。

朝夕改变却并不是精神的真正死亡。唯独孟孙才觉醒，别人哭泣他也哭泣，这就是他如此居丧的原因。况且人们交往时总借助形骸而自称为'我'，又怎么知道我所说的一定就是我呢！像你在梦中梦见自己是只鸟在天空飞翔，梦见自己是条鱼沉在深水里游玩。不知道今天我们说话的人，算是醒着的人呢，还是做梦的人呢？突然来到舒适的境地但是没有来得及笑，从内心自然发出的笑声来不及先安排。安于自然的推移而且忘却死亡的变化，于是就进入到寂寥虚空的自然而与大道浑然成为一体。"

意而子①见许由。许由曰："尧何以资②汝？"

意而子曰："尧谓我：'汝必躬服仁义而明言是非。'"

许由曰："而奚来为轵？夫尧既已黥③汝以仁义，而劓④汝以是非矣，汝将何以游夫遥荡恣睢⑤转徙之涂乎？"

意而子曰："虽然，吾愿游于其藩。"

许由曰："不然。夫盲者无以与乎眉目颜色之好，瞽者无以与乎青黄黼黻之观。"

意而子曰："夫无庄⑥之失其美，据梁⑦之失其力，黄帝之亡其知，皆在炉捶之间耳。庸讵知夫造物者之不息我黥而补我劓，使我乘成以随先生邪？"

名师注解

① 意而子：为庄子虚构的人物。

② 资：资助，教诲。

③ 黥（qíng）：古时候的一种刑罚，在犯人的额上刺字，用墨涂黑。

④ 劓（yì）：古时候的一种酷刑，将人的鼻子割掉。

⑤ 遥荡恣睢：逍遥自在，无拘无束。

⑥ 无庄：庄子虚构的人物，美女。

⑦ 据梁：庄子虚构的人物，大力士。

许由曰："噫！未可知也。我为汝言其大略：吾师乎！吾师乎！整万物而不为义，泽①及万世而不为仁，长于上古而不为老，覆载天地刻雕众形而不为巧。此所游已。"

参考译文

意而子拜访许由。许由说："尧给了你什么指教吗？"

意而子回答说："尧让我一定要践行仁义并且能够分辨是非。"

许由说："你怎么还要来我这里呢？尧已经用'仁义'在你的额上刻下了印记，又用'是非'割下了你的鼻子，你将凭借什么漫游于逍遥放荡、纵任不拘、辗转变化的道途呢？"

意而子说："虽然如此，我还是希望能够在这样的环境中遨游。"

许由说："不对。盲人没有办法欣赏到漂亮的眉目和容颜，失明后没有办法欣赏到礼服的华丽。"

意而子说："无庄不再打扮、忘掉自己的美丽，据梁不再逞强、忘掉自己的勇力，黄帝闻'道'之后忘掉自己的智慧，他们都因经过了'道'的陶冶锻炼而达到的。怎么能够知道造物主不会填平我受了刑的伤痕，修补我受了劓刑的残缺，使我踏上逍遥自由的道途，而追随先生呢？"

许由说："唉！这是不可知的啊！我还是给你说个大概吧：我的宗师啊！我的宗师啊！使万物调和却不认为是道义，恩泽万世却不认为是仁义，长于上古却不能算老，覆载天地、塑造万物的形象却不显露技巧。这就是逍遥的境界啊！"

颜回曰："回益②矣。"仲尼曰："何谓也？"曰："回忘仁义矣。"曰："可矣，犹未也。"

名师注解

① 泽：恩泽。

② 益：增益。

他日，复见，曰："回益矣。"曰："何谓也？"曰："回忘礼乐矣。"曰："可矣，犹未也。"

他日，复见，曰："回益矣。"曰："何谓也？"曰："回坐忘^①矣。"仲尼蹴然^②曰："何谓坐忘？"

颜回曰："堕^③肢体，黜聪明，离形去^④知，同于大通，此谓坐忘。"

仲尼曰："同则无好也，化则无常也。而果其贤乎！丘也请从而后也。"

参考译文

颜回说："我进步了。"孔子说："你的进步指的是什么呢？"颜回说："我忘却仁义了。"孔子说："好，不过还不够。"

过了几天，颜回再次拜见孔子，说："我又进步了。"孔子说："你的进步指的是什么呢？"颜回说："我忘却礼乐了。"孔子说："好，不过还不够。"

过了几天，颜回再去拜见孔子，说："我又进步了。"孔子说："你的进步指的是什么呢？"颜回回答说："我'坐忘'了。"孔子惊讶地问："什么是'坐忘'呢？"

颜回说："把自己的躯体遗忘了，把自己的聪明才智抛开了，离开了本体把智识忘掉了，和大道通为一体，就是坐忘。"

孔子说："能和万物同为一体就没有偏私了，能参透事物变化也就没有了偏执。你果真成了得道的贤人了，我也愿意追随在你的身后学习。"

名师注解

① 坐忘：通过静坐而忘掉一切，指得道。

② 蹴然：惊恐不安。

③ 堕：毁弃。

④ 去：抛弃。

子舆与子桑①友，而霖雨②十日。子舆曰："子桑殆③病④矣！"裹饭而往食之。至子桑之门，则若歌若哭，鼓琴曰："父邪！母邪！天乎？人乎？"有不任⑤其声而趋举其诗焉。

子舆入，曰："子之歌诗，何故若是？"

曰："吾思夫使我至此极者而弗得也。父母岂欲吾贫哉？天无私覆，地无私载，天地岂私贫我哉？求其为之者而不得也！然而至此极者，命也夫！"

　　子舆和子桑是朋友。连绵的雨持续了十天，子舆说："子桑恐怕要饿坏了！"于是就带着饭前去给他吃。到了子桑的门前，就听见子桑好像在唱歌，又好像在哭泣，而且还弹着琴："父亲呀！母亲呀！天呀！人呀！"声音是微弱的，唱句是急促的。

　　子舆进门后说："你唱的诗，怎么会是这种声调？"

　　子桑答："我在思考让我的生活如此贫困的原因，然而却没有找到。父母难道希望我贫困吗？苍天没有偏私地覆盖整个大地，大地也没有偏爱地托载着万物生灵，天地难道会单让我贫困吗？寻找造成我如此贫困的原因，却没有找到。但是我已经陷入极度贫困的境地，这是'命'啊！"

名师注解

① 子桑：即子桑户，是庄子虚拟的人物。

② 霖雨：持续下三天以上的雨。

③ 殆：恐怕。

④ 病：很严重的疾病，这里指饥饿。

⑤ 任：承受。

延伸思考

　　"相濡以沫，不如相忘于江湖"是什么意思？你赞同这样的观点吗？谈谈你自己的想法。

应帝王

名师导读

本篇论述帝王如何治理天下，体现了庄子不治为治、无为而治的为政思想。全篇大部分为寓言故事。这些故事除了阐明主旨，还体现出庄子朴素的宇宙观。

啮缺问于王倪，四问而四不知。啮缺因跃而大喜，行以告蒲衣子①。蒲衣子曰："而乃今知之乎？有虞氏不及泰氏②。有虞氏，其犹藏仁以要③人，亦得人矣，而未始出于非人。泰氏，其卧徐徐④，其觉于于⑤，一以己为马，一以己为牛；其知情信，其德甚真，而未始入于非人。"

肩吾见狂接舆，狂接舆曰："日中始⑥何以语

名师点评

这里借蒲衣子之口提出理想的为政者会听任民众所为，不会因为物我两分而坠入困境。

读书笔记

名师注解

① 蒲衣子：人名，传说中的古代贤人。

② 泰氏：即伏羲。

③ 要：笼络。

④ 徐徐：安闲、缓慢的样子。

⑤ 于于：即"迂迂"，舒缓的样子。

⑥ 日中始：虚构的人物。

名师点评

这里为论述的第二部分，指出制定各种行为规范实际上是一种欺骗。为政者本来无须多事，但如果强人所难就会像"涉海凿河""使蚊负山"一样了。

女？"肩吾曰："告我，君人者以己出经式义度①，人孰敢不听而化诸？"

狂接舆曰："是欺德②也。其于治天下也，犹涉海凿河而使蚊负山也。夫圣人之治也，治外乎？正而后行，确乎能其事者而已矣。且鸟高飞以避矰弋③之害，鼷鼠深穴乎神丘之下以避熏凿之患④，而曾二虫之无知！"

参考译文

啮缺向王倪请教问题，问了四次，王倪都说自己不知道。啮缺高兴地跳了起来，到蒲衣子那里，将这件事告诉了他。蒲衣子说："你现在明白了吗？虞舜比不上伏羲氏。虞舜以仁义笼络人心，获得了百姓的拥戴，不过他还是不曾超脱出人为的物我两分的困境。伏羲氏睡卧时宽缓安适，觉醒时悠然自得；听任别人把自己看成马，把自己当作牛。他的才思实在真实无伪，他的德行确实纯真可信，而且从不曾涉入物我两分的困境。"

肩吾去拜会狂人接舆。接舆说："日中始教导你什么了？"肩吾说："他告诉我：做国君的凭自己的意志制定法度，人民谁敢不听从、不接受其教化呢？"

接舆说："这是欺诳的做法，那样治理天下，就好像下海开凿河道，让蚊虫背负大山一样。圣人治理天下，难道去治理社会外在的表象吗？他们顺应本性而后感化他人，顺应人们之所能罢了。小鸟都能知道飞高一些来躲避弓箭的伤害，鼷鼠也知道藏在社坛下面，

名师注解

① 经式义度：典章法度。

② 欺德：欺骗别人。

③ 矰（zēng）弋：捕鸟的器具。

④ 鼷鼠：小鼠。神丘：社坛。熏凿：指烟熏和挖掘。

来躲避烟熏铲凿的灾祸。人难道还不如这两种动物吗？"

天根游于殷阳①，至蓼水②之上，适遭无名人③而问焉，曰："请问为天下。"无名人曰："去！汝鄙人也，何问之不豫④也！予方将与造物者为人，厌，则又乘夫莽眇之鸟⑤，以出六极之外，而游无何有之乡⑥，以处圹埌⑦之野。汝又何帠⑧以治天下感⑨予之心为？"又复问，无名人曰："汝游心于淡，合气于漠⑩。顺物自然而无容私焉，而天下治矣。"

名师点评

这一部分是前面论述的延伸，进一步提倡无为而治，即"顺物自然而无容私焉"的主张。

参考译文

天根闲游在殷山的南面，来到蓼水河边，正巧遇上无名人，就向他求教，说："请问治理天下的方法是什么？"无名人说："走开，你这个见识浅薄的人，怎么一张口就让人不愉快！我正要跟造物者交游；感到厌烦时，就乘着大鸟，飞到天地四方的外面，在无何有之乡中遨游，置身于广阔无边的旷野。你为什么要用治理天下

名师注解

① 殷阳：殷山的南面，为虚构的地名。

② 蓼水：河流名，为虚构的水名。

③ 无名人：虚构的人物。

④ 豫：高兴。

⑤ 莽眇之鸟：状如飞鸟的轻盈虚渺之气。

⑥ 无何有之乡：什么都不存在的地方。

⑦ 圹埌：空旷辽阔的样子。

⑧ 帠：疑为"臬"字之误。"臬"当是"寱"的借字，意谓梦语。

⑨ 感：通"撼"，撼动。

⑩ 淡、漠：指清静无为。

的梦话来扰乱我的内心呢？"天根又再次提问。无名人说："你应处于保持本性、无所修饰的心境，让事物都顺其自然而不夹杂私人成见，就能够治理好天下了。"

阳子居①见老聃，曰："有人于此，向疾②强梁③，物彻疏明，学道不倦。如是者，可比明王乎？"

老聃曰："是于圣人也，胥易技系，劳形④怵⑤心者也。且曰虎豹之文⑥来田，猨狙之便、执嫠之狗来藉。如是者，可比明王乎？"

阳子居蹴然⑦曰："敢问明王之治。"

老聃曰："明王之治：功盖天下而似不自己，化贷万物而民弗恃⑧；有莫举⑨名，使物自喜；立乎不测，而游于无有者也。"

名师点评

借老子之口进一步提出"明王"之治，即只有做到不居功、不自傲，方能让万物各得其所，而自立于虚无的境地。

参考译文

阳子居去拜见老聃，向他请教说："倘若现在有这样一个人，他办事迅疾敏捷，强干果决，对待事物洞察准确，了解透彻，学习

名师注解

① 阳子居：人名，为庄子虚拟的人物。

② 向疾：迅速敏捷。向，通"响"。

③ 强梁：果敢，坚决。

④ 劳形：让身体操劳。

⑤ 怵：担心，害怕。

⑥ 文：通"纹"，花纹，条纹。

⑦ 蹴然：惊慌羞愧。

⑧ 恃：依靠。

⑨ 举：陈述。

'道'专心勤奋、从不厌息。像这样的人，可以跟贤明的君王相比吗？"

老聃说："在圣人看来，这样的人就好像是被琐事羁绊的能吏，身体感到劳累，心神感到疲倦。况且，虎豹因为皮有花纹所以会被人捕猎，猿猴因为敏捷轻快、力大的牦牛因为迅疾，所以才被人抓来拴住。这样的人可以和贤明的君王相比吗？"

阳子居听了这番话后，惊慌羞愧地说："冒昧地问，贤明的君王怎样治理天下呢？"

老聃说："贤明的君王治理天下，功盖天下却好像不关自己的事情，教化施及万物而百姓都不觉得对其有所依赖。虽然功德无量却不称说以炫耀名声，他能使万物各得其所；而自己立足于神秘莫测的境地，逍遥于无所有的世界里。"

郑有神巫①曰季咸②，知人之死生、存亡、祸福、寿夭，期以岁月旬日，若神。郑人见之，皆弃而走。列子见之而心醉，归，以告壶子③，曰："始吾以夫子之道为至矣，则又有至焉者矣。"

壶子曰："吾与④汝既其文，未既其实，而固得道与？众雌而无雄，而又奚⑤卵焉！而以道与世亢⑥，必信，夫故使人得而相⑦汝。尝试与来，以予示之。"

明日，列子与之见壶子。出而谓列子曰："嘻！子之先

名师注解

① 神巫：巫术非常灵验的人。

② 季咸：巫师的名字。

③ 壶子：列子的老师，名林，号壶子，郑国人。

④ 与：授予。

⑤ 奚：如何。

⑥ 亢：通"抗"，较量。

⑦ 相：看相。

生死矣！弗活矣！不以旬数矣！吾见怪^①焉，见湿灰^②焉。"

列子入，泣涕沾襟以告壶子。壶子曰："乡吾示之以地文，萌乎不震不止。是殆^③见吾杜^④德机也。尝又与来。"

明日，又与之见壶子。出，而谓列子曰："幸矣，子之先生遇我也！有瘳矣，全然有生矣！吾见其杜权矣。"

列子入，以告壶子。壶子曰："乡吾示之以天壤，名实不入，而机发于踵^⑤。是殆见吾善者机也。尝又与来。"

明日，又与之见壶子。出，而谓列子曰："子之先生不齐，吾无得而相焉。试齐，且复相之。"

列子入，以告壶子。壶子曰："乡吾示之以太冲莫胜。是殆见吾衡气机也。鲵^⑥桓之审为渊，止水之审为渊，流水之审为渊。渊有九名，此处三焉。尝又与来。"

名师注解

① 怪：奇怪。

② 湿灰：比喻毫无生气。

③ 殆：恐怕，也许。

④ 杜：杜绝，闭塞。

⑤ 踵：脚后跟。

⑥ 鲵：大鱼。

明日，又与之见壶子。立未定，自失而走。壶子 曰："追之！"列子追之不及。反，以报壶子曰："已灭矣，已失矣，吾弗及已。"

壶子曰："乡吾示之以未始出吾宗。吾与之虚而委蛇，不知其谁何，因以为弟靡，因以为波流，故逃也。"然后列子自以为未始学而归，三年不出。为其妻爨①，食②豕如食人。于事无与亲，雕琢复朴，块然独以其形立。纷③而封哉，一以是终。

名师点评

这段文字非常绝妙，且情节发展变幻莫测，体现了庄子的行文特色。虽然表面看来与为政无关，但实际上指出了为政也需虚己无为，随物顺化，这样天下才能得以自定。

参考译文

郑国有一个占卜看相非常灵验的巫师，名叫季咸，他知道人的生死存亡和祸福寿夭，所预卜的年、月、旬、日都准确应验，仿佛是神人。郑国人看见他后，都担心被预卜死亡和凶祸而急忙跑开。列子见到他后却佩服得如醉如痴，回来后把见到的情况告诉给自己的老师壶子，说："以前我认为先生的道行是最高深的，现在才知道还有更加高深的。"

壶子说："我教给你的仅仅只是表象的东西，没有把真实的道理都传授给你，你怎么能够得道呢？如果只有众多的雌性禽类却没有雄性禽类，怎么能有受精卵呢？你用表象的道和世人周旋，来求得别人对你的信任，因而让人洞察底细而准确看出你的命相。你试着跟他一块儿来，把我介绍给他，让他给我看看相吧。"

第二天，列子跟季咸一道拜见壶子。季咸走出门后就对列子说：

名师注解

① 爨（cuàn）：烧火做饭。

② 食：喂养。

③ 纷：纷杂。

"呀！你的先生快要死了！活不了了，用不了十来天了！我观察到他临死前的怪异形色，面色像弄湿的灰一样。"

列子进到屋里，泪水沾湿了衣襟，伤心地把季咸的话告诉给壶子。壶子说："刚才我是将静寂不动的心境展示给他看，昏昏昧昧，不动也不止息。这样恐怕只能看到我闭塞的生机。试试再让他来看看。"

又过了一天，列子跟季咸一道拜见壶子。季咸走出门后就对列子说："幸运啊，你的先生碰到了我！病症减轻了，有活的希望了，我见他关闭的生机出现了生命活动的兆相。"

列子进屋后把季咸的话告诉给壶子。壶子说："刚才我将天与地那样相对而又相应的心态显露给他看，名利等一切杂念都排除在外，而生机从脚跟发至全身。这样他看到了这一丝生机，再请他来看看吧。"

又过了一天，列子跟季咸一道拜见壶子。季咸走出门后就对列子说："你的先生精神变化不定，我没有办法给他看相。等他精神安定时，我再给他看相吧。"

列子进到屋里，把季咸的话告诉给壶子。壶子说："刚才我把阴阳二气均衡而又和谐的心态显露给他看。这样他恐怕看到了我内气持平、相应相称的生机。大鱼盘桓逗留的地方叫作深渊，静止的河水聚积的地方叫作深渊，流动的河水滞留的地方叫作深渊。渊有九种，这里只提到了上面三种。试着再让他来看看。"

又过了一天，列子跟季咸一道拜见壶子。季咸还未站定，就仓皇失措地跑掉了。壶子说："追上他！"列子没追上，回来后告诉壶子说："已经没有踪影了，也不知去向了，我没能追上他。"

壶子说："刚才我显露给他的是我从来都没有向人展示过的大道。我假装跟从，他弄不清我的究竟，只见我像随风摇摆的小草，像随波逐流的水，所以他跑掉了。"

列子这时才知道其实自己什么也没有学到，返回家后，三年不出门。他帮助妻子烧火做饭，喂养小猪就像伺候人吃饭一样。对于各种世事不分亲疏、没有偏私，去掉了过去的雕琢和华饰，回归到原本质朴、纯真的本性，一副无知无欲的状态，在纷繁的世界中抱朴守拙，终生不曾改变。

精华赏析

　　本篇着重揭示了庄子的为政思想。庄子认为宇宙万物都基于"道"，整个宇宙万物是浑然一体的，因此也就无所谓异同，世间的一切变化无不出自自然，人为的因素都是外在的、附加的。在这个观点的基础之上，他提出了政治上的"不治为治""无为而治"。通过七个寓言故事，本篇最后阐明了只有那些听任自然、顺乎民情、行不言之教的人才能成为"明王"。

延伸思考

　　通过本篇目的学习，你认为作为当政者应该具有哪些品质？为什么？

骈　拇

名师导读

　　本篇和下篇的《马蹄》是姊妹篇，都反映了庄子无为而治、返归自然的观点，对儒家所提倡的仁义和礼乐做了直接的批判，但同时也否定了社会上的某些进步思想，因此要辩证地阅读。

　　骈拇①枝指②，出乎性哉，而侈③于德。附赘县④疣，出乎形哉，而侈于性。多方乎仁义而用之者，列于五藏⑤哉，而非道德之正⑥也。是故骈于足者，连无用之肉也；枝于手者，树无用之指也；多方骈枝于五藏之情者，淫僻于仁义之行，而多方于聪明之用也。

　　是故骈于明者，乱五色⑦，淫⑧文章，青黄黼黻⑨之煌

名师注解

① 骈拇：指足大趾和二趾长在一起。

② 枝指：大拇指旁边多生出的手指。

③ 侈：多，多余。

④ 县：通"悬"，悬挂。

⑤ 藏：通"脏"，内脏。

⑥ 正：本然，本性。

⑦ 五色：青、黑、白、赤、黄。

⑧ 淫：过分沉溺。

⑨ 黼黻：黑白相间的叫作黼，黑青相间的叫作黻，此处泛指花纹。

煌①非乎？而离朱②是已。多于聪者，乱五声③，淫六律④，金石丝竹黄钟大吕之声非乎？而师旷是已。枝于仁者，擢⑤德塞性以收名声，使天下簧鼓以奉不及之法非乎？而曾史是已。骈于辩者，累瓦结绳窜句棰辞，游心于坚白同异之间，而敝⑥跬誉无用之言非乎？而杨墨⑦是已。故此皆多骈旁枝之道，非天下之至正也。

参考译文

　　脚趾并生和歧指旁出，这是正常的生理现象，不过都多于常人之所得罢了。附悬于人体的赘瘤，是正常的生理现象，不过是超出了人天生而成的本体罢了。采用多种方法推行仁义，比列于身体不可或缺的五脏，却不是无所偏执的中正之道。所以，脚上双趾并生的，是连缀起无用的肉；手上六指旁出的，是生了无用的手指；各种并生、旁出的多余的东西对于人天生的品性和欲念来说，好比迷乱而又错误地推行仁义，又像是聪明用过了头。

　　因此，能纵情于视觉的人，沉溺于杂乱的五色，将文彩混淆，就如同彩色华丽的衣服让人耀眼炫目，不是吗？离朱就是这样的人。纵情于听觉的，破坏了五声六律，不是吗？师旷就是这样的人。一再标榜仁义的人，闭塞德性来沽名取得荣誉，难道不是使天下人喧嚷着去追求不能信守的法度吗？曾参和史鳝就是这样的人。言词多且诡辩的，说了很多空话，不是像垒瓦结绳那

名师注解

① 煌煌：形容光彩耀眼。

② 离朱：人名，也被写成离娄。

③ 五声：宫、商、角、徵、羽。

④ 六律：黄钟、太簇、姑洗、蕤宾、夷则、亡射。

⑤ 擢：拔。

⑥ 敝：疲累。

⑦ 杨墨：杨朱与墨翟。

样堆砌辞藻穿文凿句，花费心思在坚白同异等论题的诡辩上，精神疲敝地追求短暂的声誉吗？杨朱和墨翟就是这样的人。所以说，他们的理论就像多出来的脚趾和手指一样，是附加在人的本性上的邪门歪道，并不是能让人们享受到精神自由的真正的天下大道。

彼至正者，不失其性命之情。故合者不为骈，而枝者不为跂①；长者不为有余，短者不为不足。是故凫②胫③虽短，续之则忧；鹤胫虽长，断之则悲。故性长非所断，性短非所续，无所去忧也。意仁义其非人情乎！彼仁人何其多忧也？

且夫骈于拇者，决之则泣；枝于手者，龁④之则啼。二者，或有余于数，或不足于数，其于忧一也。今世之仁人，蒿目而忧世之患；不仁之人，决性命之情而饕贵富。故意仁义其非人情乎！自三代以下者，天下何其嚣嚣⑤也？

且夫待钩绳规矩⑥而正者，是削其性者也；待绳约胶漆而固者，是侵其德者也；屈折礼乐，呴俞仁义，以慰天下之心者，此失其常然也。天下有常然。常然者，曲者不以钩，直者不以绳，圆者不以规，方者不以矩，附离⑦不以胶漆，约束不以纆索。故天下诱然皆生，而不知其所以生，同焉皆得，而不

名师注解

① 跂：为"歧"字之误，多出的脚趾。

② 凫：野鸭子。

③ 胫：小腿。

④ 龁：咬断。

⑤ 嚣嚣：喧嚣，喧闹。

⑥ 钩绳规矩：古代的测量工具。

⑦ 附离：依附。

知其所以得。故古今不二，不可亏也。则仁义又奚连连①如胶漆缠索而游乎道德之间为哉，使天下惑也！

参考译文

　　那些符合事物天性的情况，就没有失去它本来的性情。所以说合在一块的不算是并生，而旁出枝生的不算是多余，长的不算是有余，短的不算是不足。因此，野鸭的小腿虽然很短，续长一截就有忧患；鹤的小腿虽然很长，截去一段就会痛苦。所以说原来长的不要剪短，原来短的也不要加长，这就没有什么可忧患的。噫！仁义恐怕不是人所固有的真情吧？否则那些倡导仁义的人怎么会有那么多担忧呢？

　　那些并生在一起的脚趾，分裂两脚趾他就会哭泣；对于手指旁出的人来说，咬断歧指就会啼哭。以上两种情况，有的是多于正常的手指数，有的是少于正常的脚趾数，而它们导致的忧患却是同一的。现在世上的仁人，放目远视而忧虑人间的祸患；那些不仁的人，摒弃人的本真和自然而贪求富贵。因此说，仁义恐怕不是人所固有的真情吧？但是从夏、商、周三代以来，天下又怎么会那么喧嚣竞逐呢？

　　要用钩绳和规矩等工具使事物得以修正，则销毁了它们的本真本性；要用绳索和胶漆使事物保持固定，是侵害了事物所禀天性的做法；运用礼乐对人民生硬地加以改变和矫正，运用仁义对人民加以抚爱和教化，从而抚慰天下民心，这样做也就使人失去了自然本性。自然的本性是：弯曲的不要用钩子，笔直的不要用墨绳，圆形的不要用规，方正的不要用矩，粘附在一起的不要用胶漆，约束一起的不需要绳子。因此，天下的事物都不知不觉地生长而不知道自己为什么生长；同样都不知不觉地有所得而不知道自己为什么有所得。因此说古代和现在的道理没有两样，也不可能有亏损。那么仁义又为什么好像是胶漆绳索一样连续不断地夹杂在道德之间呢？这使天下人感到迷惑不解啊！

名师注解

① 连连：形容连续不断。

夫小惑①易方,大惑易②性。何以知其然邪?自虞氏招仁义以挠天下也,天下莫不奔命于仁义,是非以仁义易其性与?故尝试论之,自三代以下者,天下莫不以物易其性矣。小人则以身殉③利,士则以身殉名,大夫则以身殉家,圣人则以身殉天下。故此数子者,事业不同,名声异号,其于伤性以身为殉,一也。臧④与谷⑤二人相与牧羊而俱亡⑥其羊。问臧奚事,则挟策读书;问谷奚事,则博塞以游。二人者,事业不同,其于亡羊均也。伯夷死名于首阳之下,盗跖⑦死利于东陵之上。二人者,所死不同,其于残生伤性均也。奚必伯夷之是而盗跖之非乎!天下尽殉也。彼其所殉仁义也;则俗谓之君子;其所殉货财也,则俗谓之小人。其殉一也,则有君子焉,有小人焉;若其残生损性,则盗跖亦伯夷已,又恶取君子小人于其间哉!

 参考译文

　　小的迷惑会使人弄错方向,大的迷惑会使人的本性错乱。怎能知道是这样的呢?自从虞舜拿仁义为口号而搅乱天下,天下的人们没有谁不是在为仁

名师注解

① 惑:困惑不解。

② 易:改变。

③ 殉:殉身。

④ 臧:古代对奴仆的贱称。

⑤ 谷:小孩。

⑥ 亡:丢失,失去。

⑦ 盗跖:春秋末期大盗,姓柳下,名跖。

义争相奔走，这岂不是用仁义来改变人原本的真性吗？现在我们试着来谈论一下这一问题。自从夏、商、周三朝以来，天下没有一个不是因为外物而使自己的本性受到扰乱的。平民百姓为了私利而死，士人为了名声而亡，大夫为了家族而殉身，圣人则为了天下而牺牲。所以这四种人，所从事的事业不同，名声也有各自的称谓，而他们用生命为代价损害人的本性方面，却是相同的。男仆和童仆一块儿放羊，羊全部都走丢了。问男仆在做什么事，说是拿着竹简读书；问童仆在做什么事，说是在玩掷骰子游戏。这两个人所做的事不一样，不过他们丢失了羊这件事却是同样的。伯夷为了贤名死在首阳山下，盗跖为了私利死在东陵山上，这两个人，致死的原因不同，而他们在残害生命、损伤本性方面却是同样的。为什么一定要称赞伯夷而指责盗跖呢？天下人都在为某种目的而殉身，如果他是为了仁义而殉身，就称他为君子；如果是为了私利而殉身，就叫作为小人。他们同样牺牲了性命，但有的是君子，有的是小人；如果从残害生命伤害天性的角度来说，那么盗跖也就是伯夷了，又怎么能在他们中间区分君子和小人呢！

延伸思考

　　本篇中有"伯夷死名于首阳之下。"的句子，句中的伯夷是谁？试着说出一两个关于他的故事。

马 蹄

名师导读

　　本篇表现出庄子反对羁绊和束缚，提倡一切返归自然的观点。在庄子眼中，世间的一切纷争和动乱都源自"有为之治"，因此，他提出应该摒弃仁义和礼乐，摆脱一切束缚和羁绊，让万事万物都回归于它的自然本性。

　　马，蹄可以践霜雪，毛可以御风寒，龁草饮水，翘足而陆，此马之真性也。虽有义^①台路寝，无所用之。及至伯乐^②，曰："我善治马。"烧之，剔^③之，刻之，雒之。连之以羁馽，编之以皂栈，马之死者十二三矣；饥之，渴之，驰之，骤之，整之，齐之，前有橛饰之患，而后有鞭策之威，而马之死者已过半矣。陶者曰："我善治埴^④，圆者中规，方者中矩。"匠人曰："我善治木，曲者中钩，直者应绳。"夫埴木之性，岂欲中规矩钩绳哉？然且世世称^⑤之曰"伯乐善治马，而陶匠善

名师注解

① 义："巍"的借字，形容高大。

② 伯乐：本名孙阳，擅相马。

③ 剔：为马剪毛。

④ 埴：黏土。

⑤ 称：称赞，赞扬。

治埴木。"此亦治天下者之过也。

　　马的蹄子可以凌踏霜雪，皮毛可以抵御风寒，它饿了吃草，渴了喝水，性起时扬起蹄脚奋力跳跃，这就是马的天性。即使有高台正殿，对于马来说，并没有什么用处。等到世上有了伯乐，他说："我善于管理马。"于是就用烙铁灼烧它们，修剪它们的鬃毛，削剪它们的蹄子，烙制马印记，用络头和缰绳来拴它们，把它们编入马厩和马槽，这样一来，马便死掉十分之二三了。它们又饿又渴，还驱赶它们快速奔跑，训练它们使其步伐整齐一致，前面有嚼头和装饰的束缚，后面有鞭子和竹板的威胁，这样一来，马就死过半数了。制陶工匠说："我会捏陶土，让圆的合于规，方的合于矩。"木匠说："我善于削木材，让弯曲的合于钩，直的合于绳。"难道陶土和木材的天性就是为了符合规矩以及钩绳吗？但我们却世世代代称赞说："伯乐善于管理马，陶匠会用陶土来进行制作，木匠会用木材进行制作。"这也就是治理天下的人的过错啊！

　　吾意善治天下者不然。彼民有常性①，织而衣，耕而食，是谓同德②；一而不党③，命曰天放④。故至德之世，其行填填⑤，其视颠颠⑥。当是时也，山无蹊隧⑦，泽无舟梁；万物群生，连属其乡；禽兽成群，草木遂长。是故禽兽可系羁而游，

名师注解

① 常性：不变的本性。
② 同德：共同的天性。
③ 党：偏私。
④ 天放：顺其自然。
⑤ 填填：踏实稳重的样子。
⑥ 颠颠：专注的样子。
⑦ 蹊隧：小路和隧道。蹊，小路。隧，隧道。

鸟鹊之巢可攀援而窥。

夫至德之世，同与禽兽居，族与万物并，恶乎知君子小人哉！同乎无知，其德不离；同乎无欲，是谓素朴。素朴而民性得矣。及至圣人，蹩躠为仁，踶跂[1]为义，而天下始疑矣；澶漫[2]为乐，摘僻为礼，而天下始分矣。

故纯朴不残，孰为牺尊！白玉不毁，孰为珪璋！道德不废，安取仁义！性情不离，安用礼乐！五色不乱，孰为文采[3]！五声不乱，孰应六律！夫残朴以为器，工匠之罪也；毁道德以为仁义，圣人之过也。

参考译文

　　我认为善于治理天下的人就不是这样的。黎民百姓有真天性，纺织而后穿衣，耕种而后吃饭，这就是人类共有的德行和本能。人们的思想和行为浑然一体没有一点儿偏私，这就叫顺其自然。因此，在上古时期，人们的行为持重自然，朴拙无心。人们的目光又是那么专一而无所顾盼。正是在这个年代里，山里没有路和通道，水面上没有船只和桥梁；万物众生共同成长，比邻而居；野兽成群，草木生长得繁茂。所以可以牵着野兽去游玩，可以爬到树上去窥望鸟鹊的巢。

　　在那人类天性保留最完善的年代，人类跟禽兽共同居住在一起，跟各种物类相互聚合并存。怎样区分君子和小人呢？人人都纯朴而无智慧，人类的本能和天性也就不会丧失；人人都没有私欲，都很纯真质朴。能够像生绢和

名师注解

① 踶跂：用力用心，勉力行之的样子。

② 澶漫：放纵，泛滥。

③ 文采：华丽的图案。

原木那样保持其自然的本色，人类的本能和天性完整地显现出来。等到圣人出现以后，尽力推行仁，勉强推行义，随之天下就开始产生迷惑；放纵安逸取乐，制定繁杂的礼仪制度，然后天下就开始分崩了。

所以说，若是完整的木材不被分割，哪会出现酒器呢？如果白玉没有被雕刻，怎么会出现玉质礼器呢？如果人类原始的自然本性不被废弃，哪里会有仁义呢？如果人类固有的天性和真情不被背离，哪里用得着礼乐呢？如果五色不被错乱，谁能够制出华美的图纹呢？如果五声不乱，谁能够应和六律呢？破坏天然的材料做成器具，这是木匠的过错；毁弃人的自然本性以推行所谓仁义，这就是圣人的罪过！

夫马，陆居则食草饮水，喜则交颈相靡①，怒则分背相踶②，马知已此矣。夫加之以衡扼，齐之以月题，而马知介倪、闉扼、鸷曼、诡衔、窃辔。故马之知而态至盗③者，伯乐之罪也。

夫赫胥氏④之时。民居不知所为，行不知所之，含哺而熙⑤，鼓腹而游，民能以此矣。及至圣人，屈折礼乐以匡⑥天下之形，县跂仁义⑦以慰天下之心，而民乃始踶跂好知⑧，争归于利，不可止也。此亦圣人之过也。

名师注解

① 靡：通"摩"，摩擦。

② 踶：通"踢"，踢，踏。

③ 盗：和人对抗。

④ 赫胥氏：相传的古代帝王。

⑤ 熙：通"嬉"，嬉戏。

⑥ 匡：匡正。

⑦ 县跂仁义：县，通"悬"，悬挂；跂，踮脚尖。将仁义推崇得很高，让人们仰慕企盼。

⑧ 踶跂：费心竭力的样子。

参考译文

　　再说说马，在陆地之上生活，吃草喝水，高兴的时候就颈交颈相互摩擦，生气的时候又背对背相互踢撞，马的智巧也只能如此了。等到后来把车衡和颈轭加在它身上，把配着月牙形佩饰的辔头戴在它头上，马就会斜着眼睛生气地盯着你看，僵着脖子抗拒轭木，性情暴戾不驯，或诡谲地吐出嘴里的勒口，或偷偷地脱掉头上的马辔。因此，马的智巧居然还能做出这些暴戾诡诈的态度，这就全是伯乐的罪过啊。

　　在上古赫胥氏时代，人民安居而不知道做些什么，走动也不知道去哪里，嘴里吃着食物嬉戏，鼓着吃饱的肚子游玩，人们所能做的就仅仅如此罢了。等到圣人出现了，矫造礼乐来匡正天下黎民的形象，标榜不可企及的仁义来慰着人民的心，于是人们就开始想方设法去寻求智巧，争先恐后地去竞逐私利，完全不能停下来。这也是圣人的罪过啊！

延伸思考

　　本篇中庄子提到"伯乐善治马"。你们知道伯乐是谁吗？他历来被人们所称颂，为什么庄子要对他的"善治马"持否定态度呢？你又从中学到了什么？

胠　箧

名师导读

　　"胠箧"是打开箱子的意思，本篇的主旨与《马蹄》相同，但意义更加深刻，言辞也更加直露，重点宣扬"绝圣弃知"思想和返归原始的政治主张。从而猛烈地抨击了儒家所倡导的"仁义"；其政治倾向虽然消极，但是其中蕴含的民主性的精华是值得称颂的。

　　将为胠箧①、探囊、发匮②之盗而为守备，则必摄③缄縢④、固扃鐍，此世俗之所谓知也。然而巨盗至，则负匮、揭⑤箧、担囊而趋⑥，唯恐缄縢扃鐍之不固也。然则乡之所谓知者，不乃为大盗积者也？

　　故尝试论之，世俗之所谓知者，有不为大盗积者乎？所谓圣者，有不为大盗守者乎？何以知其然邪？

读书笔记

名师注解

① 胠箧：胠，从旁打开；箧，箱子。

② 匮：通"柜"，柜子。

③ 摄：打结。

④ 缄縢：绳子。

⑤ 揭：举。

⑥ 趋：快步走。

117

昔者齐国，邻邑相望，鸡狗之音相闻，罔①罟之所布，耒②耨③之所刺，方二千余里。阖四竟之内，所以立宗庙社稷，治邑屋州闾乡曲④者，曷尝不法圣人哉！然而田成子⑤一旦杀齐君而盗其国。所盗者岂独其国邪？并与其圣知之法而盗之。故田成子有乎盗贼之名，而身处尧舜之安，小国不敢非⑥，大国不敢诛⑦，十二世有齐国。则是不乃窃齐国，并与其圣知之法以守其盗贼之身乎？

尝试论之，世俗之所谓至知者，有不为大盗积者乎？所谓至圣者，有不为大盗守者乎？何以知其然邪？昔者龙逢斩，比干剖，苌弘⑧胣⑨，子胥靡⑩，故四子之贤而身不免乎戮。故跖之徒问于跖曰："盗亦有道乎？"跖曰："何适而无有道邪？夫妄意⑪室中之藏，圣也；入先，勇也；出后，义也；知可否，知也；分

读书笔记

────────

────────

────────

名师注解
① 罔：通"网"。
② 耒：犁。
③ 耨：锄头。
④ 邑屋州闾乡曲：行政区划的名称。
⑤ 田成子：又称为田常。原为齐国大夫，杀了齐简公，夺得了齐国政权。
⑥ 非：非议。
⑦ 诛：诛伐，讨伐。
⑧ 苌弘：春秋末期周灵王的贤臣。
⑨ 胣：剖开腹部挖出肠子。
⑩ 靡：糜烂，腐烂。
⑪ 妄意：推测，猜测。

均，仁也。五者不备而能成大盗者，天下未之有也。"由是观之，善人不得圣人之道不立，跖不得圣人之道不行；天下之善人少而不善人多，则圣人之利天下也少而害天下也多。故曰：唇竭则齿寒，鲁酒薄而邯郸围，圣人生而大盗起。掊①击圣人，纵舍②盗贼，而天下始治矣。

夫川竭而谷虚③，丘夷④而渊实。圣人已死，则大盗不起，天下平而无故矣。圣人不死，大盗不止。虽重圣人而治天下，则是重利盗跖也。为之斗斛以量之，则并与斗斛而窃之；为之权衡⑤以称之，则并与权衡而窃之；为之符玺以信之，则并与符玺而窃之；为之仁义以矫之，则并与仁义而窃之。何以知其然邪？彼窃钩者诛，窃国者为诸侯，诸侯之门而仁义存焉，则是非窃仁义圣知邪？故逐于大盗，揭诸侯，窃仁义并斗斛权衡符玺之利者，虽有轩冕之赏弗能劝，斧钺之威弗能禁。此重利盗跖而使不可禁者，是乃圣人之过也。

名师
点评

好的议论雄辩滔滔，一气呵成，文笔犀利，气势磅礴。这篇就是这类作品的代表，开篇即以诸多防盗手段最终都会被盗贼所利用为喻，指出治理天下的主张和办法无非是统治者、阴谋家的工具而已，对"仁义"和"礼法"进行了尖锐的批判。

名师
点评

这里一针见血地道破了所谓仁义背后的虚伪和黑暗，振聋发聩地指出"彼窃钩者诛，窃国者为诸侯"的现实。

名师注解

① 掊：打击，打碎。

② 纵舍：放纵。

③ 川：两山之间的流水。谷：两山之间的流水道。

④ 夷：平。

⑤ 权衡：指秤。权，秤锤。衡，秤杆。

为防止小偷撬箱子、掏口袋、开柜子，一定要先收紧绳结、加固插门和锁钥，这就是一般人所说的聪明做法。可是一旦大盗来了，就背着柜子、杠着箱子、挑着口袋快步跑了，只是担心绳结、插门与锁钥不够牢固。那么先前所谓的聪明做法，不就是给大盗做好了准备吗？

　　为此，我们尝试着讨论一下：世俗上所谓的聪明，有不为大盗准备的吗？所谓的圣人，有不为大盗守护的吗？怎么能知道是这种情况呢？从前的齐国，邻里可以互相望见，鸡和狗叫的声音都能相互听到，渔网所撒布的水面，犁锄所耕作的土地，方圆两千多里。整个国境之内，所有用来设立宗庙、社稷的地方，所有用来建置邑、屋、州、闾、乡、里各级行政机构的地方，何尝不是在效法古代圣人的做法！但是田成子一旦杀死齐国国君，窃取了齐国的大权，他所盗窃夺取的难道又仅仅只是那样一个齐国吗？把齐国圣明的法制也一同窃取了。虽然田成子有窃贼的名声，却仍处于尧舜那样安稳的地位。小国不敢非议指责他，大国不敢讨伐他，让他世世代代窃据齐国。那么，这不是不仅窃取了齐国也窃取了齐国圣明的法度，保卫了他的窃贼之身吗？

　　我接着尝试做些辨析：世俗所谓最聪明的人，能有不替大盗准备的吗？所谓的最圣明的人，有不替大盗守护的吗？如何能够知道这些情况呢？从前龙逢被斩首，比干被挖心，苌弘被掏肠，子胥被抛尸江中任其腐烂。即使像上面四个人那样的贤能之士，仍不能免于遭到杀戮。因而盗跖的门徒向盗跖问道："做强盗也有规矩和准绳吗？"盗跖说："哪里能没有道呢？如果能够推测出屋内藏着什么东西，就是圣明的；率先进到屋里，这就是勇敢；最后退出屋子，这就是义气；能知道可否采取行动，这就是智慧；事后分配公平，这就是仁爱。以上五样不能具备，却能成为大盗的人，天下是没有的。"由此看来，善人如果不懂圣人的道是不能够自立的，盗跖如果不懂圣人的道也就不能横行；天下的善人少而不善的人多，善人如果不懂圣人之道就不能建立功业，盗跖不能通晓圣人之道便不能行窃；天下的善人少，而不善的人多，那么圣人给天下带来好处也就少，而给天下带来祸患也就多。所以说嘴唇没有了，牙齿就会感到寒冷，鲁侯进献的酒味淡造成了赵国的邯郸被围困，圣人出现大盗也就兴起了。把圣人打倒，释放了盗贼，天下才能太平无事。

河川干涸，那么山谷就显得格外空旷，山丘夷平，那么深潭就显得格外充实。圣人一旦死了，大盗就不会兴起，天下就会太平无事。圣人如果不死，大盗就不会停止。即使是重用圣人去治理天下，那么这也是让盗跖获得最大的好处。制造斗和斛计量，他们会连斗和斛一起偷去；给他们秤锤秤杆去称重，他们会连秤锤秤杆一起偷去；刻印章去取信，他们会连印章一起偷走；给天下人制定仁义来规范人们的道德和行为，那么就连同仁义一道盗窃走了。怎么能知道这些情况呢？那些偷窃腰带环钩之类小东西的人受到刑戮和杀害，而窃夺了整个国家的人却成为诸侯，诸侯的门里也就有仁义了。难道这不是盗窃了仁义和圣智吗？所以，那些追随大盗，高居诸侯之位，窃夺了仁义以及斗斛、秤具、符玺之利的人，即使有高官厚禄的赏赐不可能被劝勉从善，即使有行刑杀戮的威严不可能禁止他们作恶。这些非常有利于盗跖而又无法禁止他们为非作歹的情况，都是圣人的过错。

故曰："鱼不可脱于渊，国之利器①不可以示人。"彼圣人者，天下之利器也，非所以明天下也。故绝圣弃知，大盗乃止；摘玉毁珠，小盗不起；焚符破玺，而民朴鄙；掊斗折衡，而民不争；殚残②天下之圣法，而民始可与论议。擢乱六律，铄③绝竽瑟，塞瞽旷之耳，而天下始人含其聪矣；灭文章④，散五采，胶离朱之目，而天下始人含其明矣；毁绝钩绳而弃规矩，攦工倕之指，而天下始人有其巧矣。故曰：大巧若拙。削曾史之行，钳杨墨之口，攘⑤弃仁义，而天下之德始玄同矣。

名师注解

① 利器：这里指权势、法令等。

② 殚残：全部毁坏。

③ 铄：销毁。

④ 文章：即文采，花纹，图纹。

⑤ 攘：丢弃。

人含其明，则天下不铄矣；人含其聪，则天下不累矣；

人含其知，则天下不惑矣；人含其德，则天下不僻矣。

彼曾、史、杨、墨、师旷、工倕、离朱，皆外立其德，

而以爚乱①天下者也，法之所无用也。

因此说，鱼儿不能脱离深潭，治国的利器不能随便拿给人看。那些所谓的圣人，就是治理天下的利器，是不可以用来明示天下的。抛弃聪明巧智，大盗才能够停止；毁弃玉器珠宝，小盗贼也就不会兴起；焚烧符箓，人民就会朴实淳厚；把斗秤击破折断，人民就没有争斗了；毁尽天下所有圣人制定的法律，人民才可以参与议论；扰乱六律，销毁竽瑟等乐器，堵住师旷的耳朵，天下的百姓才能有自己的听觉；去掉文采，散乱五色，用胶粘住离朱的眼睛，天下的百姓才能有自己明敏的视觉。毁坏钩绳，丢掉规矩，把工倕的手指折断，天下的百姓才会灵巧。因此说："最大的智巧就好像是笨拙一样。"废除曾参、史鳅的忠孝，钳住杨朱、墨翟善辩的嘴巴，摒弃仁义，天下人的德行方才能混同而齐一。人人都保有原本的视觉，那么天下就不会出现破碎；人人都保有原本的听觉，那么天下就不会出现忧患；人人都保有原本的智巧，那么天下就不会出现迷惑；人人都保有原本的秉性，那么天下就不会出现邪恶。曾参、史鳅、杨朱、墨翟、师旷、工倕和离朱，都是对外炫耀自己的才能来扰乱天下，取法他们来治理国家是没有用处的。

子独不知至德之世乎？昔者容成氏、大庭氏、伯

皇氏、中央氏、栗陆氏、骊畜氏、轩辕氏、赫胥氏、尊

名师注解

① 爚（yuè）乱：迷乱。

卢氏、祝融氏、伏羲氏、神农氏①，当是时也，民结绳而用之，甘其食，美其服，乐其俗，安其居，邻国相望，鸡狗之音相闻，民至老死而不相往来。若此之时，则至治已。今遂至使民延颈举踵，曰："某所有贤者"，赢粮而趣之，则内弃其亲而外去其主之事，足迹接乎诸侯之境，车轨结乎千里之外。则是上②好知之过也。

上诚好知而无道，则天下大乱矣。何以知其然邪？夫弓弩、毕弋、机变之知多，则鸟乱于上矣；钩饵、罔罟、罾③笱④之知多，则鱼乱于水矣；削格、罗落、置罘⑤之知多，则兽乱于泽矣；知诈渐毒⑥、颉滑⑦坚白、解垢同异之变多，则俗惑于辩矣。故天下每每大乱，罪在于好知。故天下皆知求其所不知，而莫知求其所已知者；皆知非其所不善，而莫知非其所已善者，是以大乱。故上悖日月之明，下烁山川之精，中堕四时之施；惴耎⑧之虫，肖翘⑨之物，莫不失其性。甚矣，夫好知

名师注解

① 容成氏、大庭氏、伯皇氏、中央氏、栗陆氏、骊畜氏、轩辕氏、赫胥氏、尊卢氏、祝融氏、伏羲氏、神农氏：都是古代传说中的帝王。

② 上：指君上，即统治者。

③ 罾（zēng）：古时一种用木棍或竹杆做支架的渔网。

④ 笱：捕鱼的器具。

⑤ 置罘（fú）：捕捉兔子的器具。

⑥ 渐毒：渐渐中受毒害。

⑦ 颉滑：错乱，混淆。

⑧ 惴耎（mǎn）：惴恐。

⑨ 肖翘：小飞虫。

之乱天下也！自三代以下者是已，舍夫种种之民而悦夫役役之佞，释夫恬淡无为而悦夫啍啍①之意，啍啍已乱天下矣。

参考译文

你不知道德行最盛的时代吗？从前容成氏、大庭氏、伯皇氏、中央氏、栗陆氏、骊畜氏、轩辕氏、赫胥氏、尊卢氏、祝融氏、伏羲氏、神农氏那个时代，人民靠结绳的办法记事，把粗疏的饭菜认作美味，把朴素的衣衫认作美服，把淳厚的风俗认作欢乐，把简陋的居所认作安适，邻近的国家相互可见鸡狗之声相互听闻，百姓直至老死也互不往来。像这样的时代，就可说是真正的太平盛世了。可是当今竟然使百姓伸长脖颈踮起脚跟说，"某个地方出了圣人"，于是就带着干粮去依附他，乃至对内抛弃亲人对外丢掉君主的政事，于是足迹陆续不断地出现在各诸侯国的边境，车辙来往纵横的痕迹在千里之外交错。而这就是统治者追求圣智的过错。

处于上位的君王一心追求圣智而不遵从大道，那么天下必定会大乱了！怎么知道是这样的呢？弓箭、鸟网、机关的巧智非常多，所以在空中飞翔的鸟就会被扰乱；鱼饵、渔网、鱼篓的巧智多，在水里游的鱼会被扰乱；木栅、兽栏、捕兔网的巧智多，山泽里的野兽会被扰乱；欺骗奸诈、狡猾、坚白诡异的争辩多了，天下的人就会被争辩所迷惑。因此天下经常发生大乱，罪过就在于喜好巧智。所以天下人只知道追求自己不知道的东西，而不去深入探索他所知道的东西，都知道非议自己认为不好的东西而不非议自己认为好的东西，所以天下才会大乱。这样上面遮挡了日月的光辉，下面毁坏了山川的精华，中间把四时的运行破坏了；蠕动的爬行小虫，细小的飞虫，没有不失去天性的。喜好智慧而扰乱天下居然到了这种地步！自夏、商、周以来，就是这个样子了！抛弃淳朴厚道的百姓去喜爱狡猾的小人；舍弃恬淡无为的不言之教，而去喜爱喋喋不休的多言教导，喋喋不休的多言教导已经把天下扰乱了。

名师注解

① 啍啍：通"谆谆"，郑重叮咛。

---------- **延伸思考** ----------------------------------

　　为了论证"人含其聪，则天下不累矣；人含其知，则天下不惑矣；人含其德，则天下不僻矣。"的观点，作者都做了哪些类比说明？你印象最深刻的是哪一个？

---------- **知识拓展** ----------------------------------

　　"彼窃钩者诛，窃国者为诸侯"，语出《庄子·胠箧》，偷一个鱼钩就要被处死，而篡夺了国家政权的人反倒成了诸侯，借以讽刺封建法律的虚伪和不合理。

　　"龙逢斩、比干剖"语出《庄子·胠箧》，龙逢，夏桀时代的贤臣，因直谏被杀；比干，商纣时期的贤臣，被纣剖心而死。

在 宥

名师导读

　　"在"意为自在，"宥"意为宽容。本篇的主旨就是反对人为，提倡自然，阐述无为而治的政治主张。本篇所反映的思想与庄子在前几篇中抨击仁义、绝圣弃智的思想似有偏离之嫌。部分学者认为此篇为后人混入，可参照其他篇章阅读。

　　闻在宥天下，不闻治天下也。在之也者，恐天下之淫①其性也；宥②之也者，恐天下之迁③其德也。天下不淫其性，不迁其德，有治天下者哉？昔尧之治天下也，使天下欣欣焉人乐其性，是不恬④也；桀之治天下也，使天下瘁瘁⑤焉人苦其性，是不愉也。夫不恬不愉，非德也。非德也而可长久者，天下无之。

　　人大喜邪，毗⑥于阳；大怒邪，毗于阴。阴阳并毗，四时不至，寒暑之和不成，其反伤人之形乎！使人喜怒失位，居处

名师注解

① 淫：多。

② 宥：宽容。

③ 迁：改变。

④ 恬：安静的样子。

⑤ 瘁（cuì）瘁：疲倦困苦的样子。

⑥ 毗：损伤。

无常，思虑不自得，中道不成章，于是乎天下始乔诘^①卓鸷^②，而后有盗跖、曾、史之行。故举天下以赏其善者不足，举天下以罚其恶者不给，故天下之大不足以赏罚，自三代以下者，匈匈^③焉终以赏罚为事，彼何暇安其性命之情哉！

而且说^④明邪？是淫^⑤于色也；说聪邪，是淫于声也；说仁邪，是乱于德也；说义邪，是悖于理也；说礼邪，是相于技也；说乐邪，是相于淫也；说圣邪，是相于艺也；说知邪，是相于疵也。天下将安其性命之情，之八者，存可也，亡可也；天下将不安其性命之情，之八者，乃始脔卷^⑥狝囊^⑦而乱天下也。而天下乃始尊之惜之，甚矣天下之惑也！岂直过也而去之邪！乃齐戒以言之，跪坐以进之，鼓歌以舞之，吾若是何哉！

故君子不得已而临莅天下，莫若无为。无为也，而后安其性命之情。故贵以身为天下，则可以托天下；爱以身于为天下，则可以寄天下。故君子苟能无解其五藏，无擢^⑧其聪明；

名师注解

① 诘：意气不平。

② 卓鸷：行为不端。

③ 匈匈：喧嚣吵闹的样子。

④ 说：通"悦"，高兴。

⑤ 淫：沉溺。

⑥ 脔（luán）卷：不舒展。

⑦ 狝（cāng）囊：纷乱的样子。

⑧ 擢（zhuó）：提拔。

尸居而龙见，渊默而雷声，神动而天随，从容无为而万物炊累焉。吾又何暇治天下哉！

 参考译文

只听说任天下人自由自在生活的，没有听说要对天下进行治理的。所以要听任百姓自在地发展，是因为担忧治理会让他们丧失了本性；所以要让百姓能够宽松且各得其所，是因为担忧治理会让他们改变了自然的常态。天下人都不丧失本性，不改变自然的常态，哪里还用治理天下呢！从前唐尧治理天下时，让人欣喜若狂，人人都以其真性而欢乐，这就不宁静了；夏桀治理天下时，使人忧心不已，人人都以其真性而痛苦，这就不愉快了。不安宁与不欢快，都不是人们的自然本性，不合于自然的常态而可以长久存在，这种情况天下是没有的。

人们如果过于欢乐，就会伤害阳气；人们如果过于愤怒，就会伤害阴气。阴与阳同时受到侵害，四时节气就不会按时来临，寒暑的交替就会失去调和，这恐怕要反过来伤害自身了吧！使人喜怒无常，居无定所，考虑问题不得要领，办什么事都半途失去章法，于是天下就开始出现种种不平，而后便产生盗跖、曾参、史鳅等不同的行为。因此，动员全天下所有力量来褒奖善行，也还是不够，倾尽天下所有力量来惩戒劣迹也嫌不足，天下虽很大仍不足以用来赏善罚恶。自夏、商、周三代以来，那些君临天下者喧哗着竞相以赏善罚恶为能事，他们哪里还有心思顾及安定人的自然本性和真情呢！

况且，喜好目明，就会沉溺于五色；喜好耳聪，就会沉溺于声乐；喜好仁爱，就会扰乱人的自然天性；喜好道义，就会违反事物的常理；喜好礼仪，就会助长了繁琐的伎俩；喜好音乐，就会助长淫乐；喜好圣智，就会助长技艺的泛滥；喜好智慧，就会助长纠缠是非的弊病。天下人想要安定于自然赋予的真情和本性，这八个方面，有也可以，没有也可以；如果天下人都不想安定于自然赋予的真情和本性，这八个方面，就会成为拳曲不伸、扰攘纷争的因素而迷乱天下了。而天下人竟然会尊崇它们，珍惜它们，天下人为其所迷惑竟达到如此地步！这种种现象岂止是一代一代地流传下来呀！人们还度诚地谈论它，恭敬地传颂它，欢欣地供奉它，对此我又能够怎么样呢？

　　因此，君子不得已而统治天下的时候，那就不如一切顺其自然。顺其自然才能使天下人保有自然的本性与真情。正因为这样，把自身看得比天下还重的人，才能把天下托付给他；修养自身甚于统驭天下之事的人，才可以把天下托付给他。所以，君子如果能不敞露心中的灵气，不表明自己的才华和智巧，那就会安然不动而精神腾飞，沉默如渊而蕴藏着雷鸣般的声音，精神活动处处合乎天理，从容自在，无所作为，万事万物都像炊烟游尘那样自由自在。我又哪有时间去治理天下啊！

　　崔瞿①问于老聃曰："不治天下，安藏②人心？"老聃曰："女慎无撄③人心。人心排④下而进⑤上，上下囚杀，淖约⑥柔乎刚强。廉刿雕琢，其热焦火，其寒凝冰。其疾俯仰之间⑦而再抚四海之外，其居也渊而静，其动也悬而天。偾骄而不可系者，其唯人心乎！

　　"昔者黄帝始以仁义撄人之心，尧、舜于是乎股无胈，胫无毛，以养天下之形，愁其五藏以为仁义，矜其血气以规法度。然犹有不胜也，尧于是放讙兜于崇山⑧，投三苗⑨于三峗，流共工⑩于幽都，此不胜天下也。夫施及三王而天下大骇矣。

名师注解

① 崔瞿：虚拟的人物。

② 藏：善良。

③ 撄：扰乱，触动。

④ 排：抑制。

⑤ 进：上进。

⑥ 淖约：柔弱美好的样子。

⑦ 俯仰之间：形容时间极其短暂。

⑧ 崇山：山名，在今湖南大庸县西南。

⑨ 三苗：古国名，尧时诸侯，在今天湖南省境内。

⑩ 共工：人名，尧的水官。

下有桀、跖，上有曾、史，而儒、墨毕起。于是乎喜怒相疑，愚知相欺，善否相非，诞信相讥，而天下衰矣；大德不同，而性命烂漫^①矣；天下好知，而百姓求竭矣。于是乎釿锯制焉，绳墨杀焉，椎凿决焉。天下脊脊大乱，罪在撄人心。故贤者伏处^②大山嵁岩之下，而万乘之君忧栗乎庙堂之上。

"今世殊死者相枕也，桁^③杨者相推也，刑戮者相望也，而儒墨乃始离跂攘臂乎桎梏之间。意，甚矣哉！其无愧而不知耻也甚矣！吾未知圣知之不为桁杨接槢也，仁义之不为桎梏凿枘也，焉知曾、史之不为桀、跖嚆矢^④也！故曰：'绝圣弃知而天下大治。'"

　　崔瞿向老聃请教说："不治理天下，怎么能使人心向善？"老聃回答说："你应谨慎而不要随意扰乱人心。人们遭到排挤、压抑时情绪就低落，受到推崇、器重时情绪就高涨，不过消沉颓丧或者趾高气扬都像是受到拘禁和伤害一样自累自苦，唯有柔弱顺应能软化刚强。一个人在受到大的折磨后，心情着急得好像烈火一样，忧愁恐惧得又好像入于寒冰。人心变化非常迅速，眨眼间来往于四海之外，安定的时候沉稳静寂，活动的时候一飞冲天。强傲但不能被羁绊的，也只有人心了。

　　当年黄帝开始用仁义来扰乱人心，尧和舜于是疲于奔波直累得腿上无

名师注解

① 烂漫：散漫，这里指受到伤害。

② 伏处：隐居。

③ 桁（háng）：古代的一种刑具。

④ 嚆（hāo）矢：开端，先导。

肉、胫上尧毛，用以养育天下众生，满心焦虑地推行仁义，并耗费心血来制定法度。然而他们还是未能治理好天下，尧将谨兜放逐到南方的崇山，把三苗迁移到三峨，把共工流放到幽州，这些就是没能治理好天下的明证。延续到夏、商、周三代更是大大惊扰了天下的人民，下有夏桀、盗跖之徒，上有曾参、史䲡之流，而儒家和墨家的争辩又全面展开。因此，喜悦的人和愤怒的人互相猜疑，愚蠢的人和智慧的人互相欺骗，善良的人和丑恶的人互相非议，荒诞的人和可信的人互相讥刺，所以天下的风气衰颓了；基本观念和生活态度如此不同，人类的自然本性散乱了；天下都追求智巧，百姓中便纷争迭起。于是用斧锯之类的刑具来制裁他们，用绳墨之类的法度来规范他们，用椎凿之类的肉刑来惩处他们。造成天下纷乱的过错就在于把人心扰乱。因此贤明的人在大山高岩之下隐居起来，万乘之君在朝堂之上感到担忧恐惧。

当今世上被处决的人残骸堆积，带枷锁脚镣的人接连不断，遭受刑戮的人满眼都是，儒家和墨家在枷锁之间奋臂呼喊。唉，真是太过分了！他们不知心愧、不识羞耻竟然达到这等地步！我还未听见圣智不是枷锁的楔木，仁义不是坚固枷锁的孔枘，又怎么能够知道曾参和史䲡之流不是夏桀和盗跖的先导！所以说，'断绝圣人，抛弃智慧，天下就会太平无事'。"

黄帝立为天子十九年，令行天下，闻广成子①在于空同之山②，故往见之，曰："我闻吾子达于至道，敢问至道之精。吾欲取天地之精，以佐③五谷，以养民人，吾又欲官阴阳④，以遂群生，为之奈何？"

广成子曰："而所欲问者，物之质⑤也；而所欲官者，

名师注解

① 广成子：虚拟的得道之人。
② 空同：也写作崆峒，虚构的山名。
③ 佐：辅佐，辅助。
④ 官阴阳：调和阴阳。官，掌管。
⑤ 质：本质，这里指道的精华。

物之残也。自而治天下，云气不待族①而雨，草木不待黄而落，日月之光益以荒矣。而佞人②之心翦翦③者，又奚足以语至道！"

黄帝退，捐天下，筑特室，席白茅，闲居三月，复往邀之。

广成子南首而卧，黄帝顺下风，膝行而进，再拜稽首而问曰："闻吾子达于至道，敢问，治身奈何而可以长久？"

广成子蹶然而起，曰："善哉问乎！来！吾语汝至道。至道之精，窈窈冥冥④；至道之极，昏昏默默⑤。无视无听，抱神以静，形将自正。必静必清，无劳汝形，无摇汝精，乃可以长生。目无所见，耳无所闻，心无所知，汝神将守形，形乃长生。慎汝内，闭汝外，多知为败。我为汝遂于大明之上矣，至彼至阳之原也；为汝入于窈冥之门矣，至彼至阴之原也。天地有官，阴阳有藏⑥，慎守汝身，物将自壮。我守其一以处其和⑦，故我修身千二百岁矣，吾形未常衰。"

黄帝再拜稽首曰："广成子之谓天矣！"

名师注解

① 族：聚集，汇聚。

② 佞人：奸佞小人。

③ 翦翦：细小。

④ 窈窈冥冥：遥远幽暗。冥冥，暗昧。

⑤ 昏昏默默：昏暗寂静的状态。

⑥ 藏：居所。

⑦ 和：调和，和顺。

广成子曰："来！余语汝。彼其物无穷，而人皆以为有终；彼其物无测，而人皆以为有极。得吾道者，上为皇而下为王；失吾道者，上见光而下为土。今夫百昌①皆生于土而反于土，故余将去汝，入无穷之门，以游无极之野。吾与日月参光，吾与天地为常。当我，缗乎②！远我，昏乎！人其尽死，而我独存乎！"

参考译文

　　黄帝做了十九年天子，政令通行天下，他听说广成子在空同山上居住，就专程前去拜访，对广成子说："我听说先生已经通晓至道，我想请教至道的精华。我希望摄取天地的精华，来帮助五谷的成长，用来养育百姓，我又希望能主宰阴阳，从而使众多生灵遂心地成长，我应该怎么办呢？"

　　广成子回答说："你想问的，是万事万物的根本；你想主宰的，是万事万物的残留。自从你治理天下，天上的云气等不到凝聚在一起就开始下雨，地上的草木等不到枯黄就开始凋零，太阳和月亮的光辉也越发晦暗。而你这奸佞小人的心思浅薄鄙陋，怎么能够谈论大道呢！"

　　黄帝听了这一席话后就回去了，他抛开政事，建造了一间静室，铺上洁白的茅草，闲居了三个月以后，再次前往求教。

　　广成子面朝南方躺着，黄帝则顺着下方，双膝着地匍匐向前，叩头着地行了大礼后问道："我听闻先生已经通晓至道，特向您请教如何修养自身才能够长久。"

　　广成子迅速地起身，说："问得好啊！来，我告诉给你至道。至道的精髓是幽深渺远的；至道的极致是深沉静寂的。摒弃视听，精神要保持宁静，

名师注解

① 百昌：万物昌盛。

② 缗（mín）：无心。

身体自然就是健康的。凝神清静地思考，不要让身体疲累劳苦，不要使精神动荡恍惚，这样就可以长生。眼睛什么也没看见，耳朵什么也没听到，内心什么也不知晓，这样你的精神定能驻守你的形体，形体也就能长生。守护住内心的清净，抛弃外在世俗的纷扰，智巧太多定会招致败亡。我帮助你到达最光明的境界，到至阳的源头；帮助你进入幽深渺远的大门，到达至阴的源头。天和地都各有主宰，阴和阳都各有府藏，谨慎地守护自身，事物自然会昌盛。我坚持守护大道抱元守一并调和阴阳，因此我虽然已经修身一千两百年了，而我的形体仍没有衰老。"

黄帝再行叩拜礼说："广成子可以称得上是天人合一了。"

广成子说："来，让我来告诉你。至道没有穷尽，但是人都以为是有尽头的；道也是深远没有办法推测的，可人们都认为它是有极限的。能够明白我讲的道，在上可以成为天皇，在下可以成为人王；不能掌握我所说的道的人，在上只能见到日月的光亮，在下只能化为土块。万物都是生于泥土而又返回到泥土中去，因此我要离开你，进入到没有穷尽的大门，从而遨游于没有极限的原野。我将与日月同光，我将与天地共存。迎着我而来的，我无所觉察！背着我而去，我无所在意！人都是要死的，只有我独自留下来了！"

云将①东游，过扶摇②之枝而适遭鸿蒙③。鸿蒙方将拊脾雀跃而游。云将见之，倘然④止，贽然立⑤，曰："叟何人邪？叟何为此？"

鸿蒙拊脾雀跃不辍，对云将曰："游！"

云将曰："朕愿有问也。"

名师注解

① 云将：虚拟的人物。

② 扶摇：传说中的巨木。

③ 鸿蒙：人名，字面意义是自然的元气。

④ 倘然：惊疑的样子。

⑤ 贽然立：站立不动的样子。

鸿蒙仰而视云将曰："吁！"

云将曰："天气不和，地气郁结，六气①不调，四时不节。今我愿合六气之精以育群生，为之奈何？"

鸿蒙拊脾雀跃掉头曰："吾弗知！吾弗知！"

云将不得问。又三年，东游，过有宋之野而适遭鸿蒙。云将大喜，行趋而进曰："天忘朕邪？天忘朕邪？"再拜稽首，愿闻于鸿蒙。

鸿蒙曰："浮游，不知所求；猖狂②，不知所往；游者鞅掌③，以观无妄。朕又何知！"

云将曰："朕也自以为猖狂，而民随予所往；朕也不得已于民，今则民之放④也。愿闻一言。"

鸿蒙曰："乱天之经，逆物之情，玄天弗成；解兽之群，而鸟皆夜鸣；灾及草木，祸及止虫。意！治人之过也！"

云将曰："然则吾奈何？"

鸿蒙曰："意，毒哉！仙仙⑤乎归矣。"

云将曰："吾遇天难，愿闻一言。"

鸿蒙曰："意！心养。汝徒处无为，而物自化。堕尔形

名师注解

① 六气：指天气的六种变化，即阴、阳、晴、雨、晦、明。

② 猖狂：随心所欲、无拘无束。

③ 鞅掌：纷纭繁杂的样子。

④ 放：效仿，模仿。

⑤ 仙仙：轻举的样子。

体，吐尔聪明，伦与物忘；大同乎涬溟^①，解心释神，莫然无魂。万物云云^②，各复其根，各复其根而不知；浑浑沌沌^③，终身不离；若彼知之，乃是离之。无问其名，无窥其情，物固自生。"

云将曰："天降朕以德，示朕以默；躬身求之，乃今也得。"再拜稽首，起辞而行。

参考译文

　　云将要到东方去游玩，经过神木扶摇的枝旁，恰好碰到了鸿蒙。鸿蒙正拍着大腿像麻雀一样跳跃玩乐。云将看见鸿蒙那般模样，惊疑地停下来，纹丝不动地站着，说："老先生是何许人啊？老先生来这做什么呢？"

　　鸿蒙拍着大腿不停地跳着，告诉云将说："在游玩呀！"

　　云将说："我想向您求教。"

　　鸿蒙抬起头看了云将一眼说："啊！"

　　云将说："天上之气不和谐，地上之气都结了，阴、阳、风、雨、晦、明六气不调和，四时没有了顺序。现在我想要调和六气的精华来养育众生，应该怎么办呢？"

　　鸿蒙拍着大腿，雀跃着掉过头离去："我不知道！不知道！"

　　云将没有问出结果。三年后，云将再次到东方巡游，经过宋国的原野时，恰巧又遇到了鸿蒙。云将非常高兴，快步走到他跟前说："老先生你忘记我了吗？老先生你忘记我了吗？"叩头至地行了大礼，希望能够得到鸿蒙的指点。

名师注解

① 涬溟：混沌的自然元气。

② 云云：即"芸芸"，众多。

③ 浑浑沌沌：天性淳朴。

鸿蒙说："自由自在地遨游，不知道追求什么；随心所欲，不知道要到哪里去；游玩在纷纭繁杂的世界里，观赏那绝无虚假的情景。我又能知道什么呢？"

云将说："我自以为能够随心地活动，但民众都追随着我；我无法谢绝民众，现在他们都开始效仿我了！我希望能聆听您的教诲。"

鸿蒙说："扰乱了自然的规律，违背了事物的真性，自然的变化就不能够顺应形成；离群的野兽，惊扰那鸟儿都夜鸣，灾祸涉及草木和昆虫。唉！这都是治理天下者的过失啊！"

云将问："那我该怎么办呢？"

鸿蒙说："唉！你受到的妻害实在太深啊！你还是就这么回去吧！"

云将说："我遇见你实在不容易，恳切希望能听到你的指教。"

鸿蒙说："唉！修养心性。你只要顺应自然无为，万物自然就会发生变化。忘记你的身体，丢弃你的聪明，让伦理和万物俱忘。混同于自然的元气，释放心思和精神，对什么都不要计较。万物纷杂繁多，全都各自回归本性，回到了本根却不知所以然；不使用心机，终身就不会离开本根；一旦使用心计，就会离开本根。不要询问它们的名称，不要窥测它们的实情，万物本是自然地生长。"

云将说："上苍把恩德施给我，向我显示静默清虚的方法，我亲身追求大道，至今才有所收获。"再次叩头行大礼，告辞离开。

延伸思考

庄子说："人大喜邪，毗于阳；大怒邪，毗于阴。阴阳并毗，四时不至，寒暑之和不成，其反伤人之形乎！"这句话是什么意思？你赞同这样的想法吗？说说你自己的看法。

天 地

名师导读

在庄子的哲学体系之中，"天"和"地"是万物之祖，元气之始，一清轻在上，一浊重在下。本篇的主旨与《在宥》大体相同，仍在于阐述无为而治的政治主张。

天地虽大，其化均①也；万物虽多，其治一也；人卒虽众，其主君也。君原于德而成于天②，故曰，玄古之君天下③，无为也，天德而已矣。

以道观言，而天下之君正；以道观分，而君臣之义明；以道观能，而天下之官治；以道泛观，而万物之应备。故通于天下者，德也；行于万物者，道也；上治人者，事④也；能有所艺者，技也。技兼于事，事兼于义，义兼于德，德兼于道，道兼于天，故曰：古之畜⑤天下者，无欲而天下足，无为而万物

名师注解

① 均：均衡。

② 原：根源。天：自然，指无为之道。

③ 玄古：远古。君：君临，统治。

④ 事：政事，指礼乐、政法。

⑤ 畜：畜养。

化，渊静而百姓定。记^①曰："通于一而万事毕，无心得而鬼神服。"

天地虽然广大，但它们化育万物却是均衡的；万物虽然纷多，但它们各得其所，却是一样的；百姓虽然众多，但他们却要求国君来主宰。国君管理天下要以顺应事物为根本而成事于自然，因此说，远古的君主治理天下，出自无为，即听任自然、顺其自然罢了。

用道的观点来看待称谓，那么天下所有的国君都是名正言顺的统治者；用道的观点来看待职分，那么君和臣各自承担的道义就分明了；用道的观点来看待才干，那么天下的官吏都能称职了；从道的观念广泛地观察，万事万物全都自得而又自足。所以，贯穿于天地的能顺应自得的"德"；通行于万物的是听任自然的"道"；善于治理天下的能各尽其能各任其事；能够让能力和才干充分发挥的是善于利用各种技巧。技巧统属于事务，事务统属于义理，义理归结于顺应自得的"德"，"德"归结于听任自然的"道"，听任自然的"道"归结于事物的自然本性。所以说，古代牧养百姓的君主，无欲而天下富足，无所作为而万物自行演化，深沉静默而百姓安定。古书上说："通晓大道因而万事都能完满完成，无心无欲而鬼神敬服。"

夫子^②曰："夫道，覆载万物者也，洋洋^③乎大哉！君子不可以不刳^④心焉。无为为之之谓天，无为言之之谓德，爱人利

名师注解

① 记：指古书的记载，不确指某书。

② 夫子：即庄子。

③ 洋洋：广大辽阔的样子。

④ 刳（kū）心：彻底抛弃个人的心智。刳，挖空。

物之谓仁，不同同之之谓大，行不崖异①之谓宽，有万不同之谓富。故执德之谓纪，德成之谓立，循于道之谓备，不以物挫志之谓完。君子明于此十者，则韬②乎其事心之大也，沛乎其为万物逝③也。若然者，藏金于山，藏珠于渊，不利货财，不近贵富；不乐寿，不哀夭；不荣通，不丑穷；不拘一世之利以为己私分④，不以王天下为己处显。显则明，万物一府，死生同状。"

夫子曰："夫道，渊乎其居也，漻⑤乎其清也。金石⑥不得，无以鸣。故金石有声，不考⑦不鸣。万物孰能定⑧之！

"夫王德之人⑨，素逝⑩而耻通于事，立之本原而知通于神，故其德广，其心之出，有物采之。故形非道不生，生非德不明。存形穷生，立德明道，非王德者邪！荡荡乎！忽然出，勃然动，而万物从⑪之乎！此谓王德之人。

名师注解

① 崖异：突出而区别于众。

② 韬：包藏，包涵。

③ 逝：往，去。

④ 私分：私有。

⑤ 漻（liáo）：清澈明亮的样子。

⑥ 金石：钟磬，古代的乐器。

⑦ 考：敲击，击打。

⑧ 定：确定。

⑨ 王德之人：德行最高的人，盛德之人。

⑩ 素逝：顺着天性行事。

⑪ 从：跟随。

"视乎冥冥①！听乎无声。冥冥之中，独见晓焉；无声之中，独闻和焉。故深之又深而能物焉，神之又神而能精焉；故其与万物接也，至无而供其求，时骋而要其宿②。大小，长短，修远。"

先生说："道是覆盖和托载万物的，多么广阔而盛大啊！君子不可以不敞开心胸排除一切有为的杂念。用无为的态度去做就叫作道，用无为的方法表达就叫作德，给人以爱或给物以利就叫作仁，可以让不同的事物和同在一起就叫作大，行为不与众不同叫作宽，能够包容万物就叫作富。因此持守自然赋予的禀性叫作纲纪，实践德行就叫作建功济物，遵循于道就叫作修养完备，不因为外界事物而使心志受挫就叫作完美无缺。如果君子能够明白这十个方面的道理，也就包容万物，居心广大，而且像滔滔的流水汇聚一处似的成为万物的归往。像这样，就能藏黄金于大山，沉珍珠于深渊，不贪图财物，也不追求富贵；不把长寿当作快乐，不把天折当作悲哀；不以通达为荣耀，不以穷困为耻辱；不谋取世上的利益为自己私有，不称霸天下追求显赫的位置。显赫就是炫耀，万物最终却归结于同一，死与生也并不存在区别。"

先生还说："道是幽隐深远、清澈透亮的。钟磬不能无故就发出声音，因此，钟磬要有声音，你不去敲击它，它就不会响。万物都是如此，但是会因何物而感应却不一定！

"有高德行的人，抱朴而行，以通晓俗事为耻，立足于大道，而心智通达于不测之境，所以，他的德行广大，只有当需要对外物感应时，他的心志才会显现。因此说，形体没有道就不会产生生命，生命没有德就不能明达。保存形体，充实生命，树立德行显明大道，这难道不是大德之人的行为吗？

名师注解

① 冥冥：昏暗幽昧的样子。

② 宿：归宿。

心存浩荡深远的大道，突然显露，勃然行动，万物都能够依从。这种就是有高德行的人。

"道是幽隐深远，听起来无声无息。在昏暗中，却能看到光明；在寂静无声中，却能听到它的和声。所以，虽然在深邃之中，却能主宰万物，虽然神妙玄虚却能够生成精气；因此道和万物相接应，虚无到极致却能满足万物的需求，时时变化却能成为万物的归宿——无论是大还是小，是长还是短，是高还是远。"

黄帝游乎赤水之北^①，登乎昆仑之丘而南望^②，还归，遗其玄珠^③。使知索之而不得，使离朱索之而不得，使喫诟^④索之而不得也。乃使象罔^⑤，象罔得之。黄帝曰："异哉！象罔乃可以得之乎？"

⋯⋯

参考译文

黄帝在赤水以北漫游，登上昆仑山而向南眺望，旋即返回，丢失了玄色宝珠。派知去寻找没有找到，派离朱去寻找也未找到，派喫诟去寻找，还未找到。就派象罔去找，象罔找到了。黄帝说："多么奇怪啊！象罔怎么就能找到呢？"

名师注解

① 赤水：河名，在昆仑山南面。

② 南望：南面，面向南。古代帝王座位向南，所以常用南面代指当帝王。

③ 玄珠：玄妙的珍珠，比喻天道。

④ 喫诟：是庄子杜撰的人名。

⑤ 象罔：是庄子杜撰的人名。字面上有无心的意思。

泰初有无①，无有无名②；一之所起，有一而未形③。物得以生，谓之德；未形者有分，且然无间④，谓之命；留动而生物，物成生理，谓之形；形体保神，各有仪则，谓之性。性修反德，德至同于初。同乃虚，虚乃大。合喙⑤鸣，喙鸣合，与天地为合。其合缗缗⑥，若愚若昏，是谓玄德，同乎大顺⑦。

参考译文

元气萌动宇宙源起的太初，一切只存在于"无"，此时没有存在，也没有称谓；道的状态是浑然的，浑然的状态还没有成形。促进万物生长的就是德；没有形体的有阴阳的区分，并且已浑然一体就叫作命；元气运动时就产生物了，万物产生不同构造和形态，这就叫作形体；形体葆有精神，有了一定的规矩法度，这就叫作性。修养本性后就能回到德，德的修养臻于极致和太初相同。同于太初就会虚无，虚无就能容纳广大。把无心之言混合，无心之言混合就是天与地融合为一。这种融合没有一丝痕迹，像质朴又像是昏昧，这就称作玄德，和自然相顺同。

夫子⑧问于老聃曰："有人治道若相放，可不可，然不然。辩者有言曰：'离坚白若县宇。'若是则可谓圣人乎？"

名师注解

① 泰初有无：宇宙的原初。泰，通"太"，初，始。

② 无有：没有存在。无名：没有名称。

③ 未形：没有形体。

④ 间：间隙，缝隙。

⑤ 合喙：和鸟兽的鸣叫一样。喙，鸟兽的嘴。

⑥ 缗（mín）缗：无心的样子。

⑦ 大顺：非常通顺，即自然。

⑧ 夫子：这里指孔子。

老聃曰："是胥易技系，劳形怵^①心者也。执留之狗成思，猿狙之便自山林来。丘，予告若，而所不能闻与而所不能言。凡有首有趾无心无耳者众，有形者^②与无形无状^③而皆存者尽无。其动止也，其死生也，其废起也，此又非其所以也。有治在人，忘乎物，忘乎天，其名为忘己，忘己之人，是之谓入于天。"

> 参考译文
>
> 孔子向老聃求教说："有人从事于道好像很放达，认为可能转化成不可，对能转化成不对。名家学派有人说：'坚白相离，是明摆着的道理。'像这样的人可以称作圣人吗？"
>
> 老聃说："这样的人如同官府小吏被他们的技艺牵累，疲劳形体困扰心神一样。狗因有技能为人驯化来看家护院，而成愁思，猴子因为动作灵便可爱，被从山里捉来供人玩赏。孔丘，我来讲给你，这些都是你没听过，你所不能言说的。有头有脚却无心无耳的人很多，有形体的人和没有形体的道共同存在的情况是没有的。运动与静止，生存和死亡，衰败和兴起，这都是无法推究它们的原因的。治理应该是人顺应自然的活动，忘却外界事物，忘却自然，这就是自我不执滞。能够自我不执滞的人，就可以称之为与天道同一。"

蒋闾葂^④见季彻^⑤曰："鲁君谓葂也曰：'请受教。'辞不获命，既已告矣，未知中否，请尝荐之。吾谓鲁君曰：'必服

名师注解

① 怵：担心，害怕。

② 有形者：指人。

③ 无形无状：指道。

④ 蒋闾葂：人名，复姓蒋闾，名葂。事迹已不可考。

⑤ 季彻：人名，姓季名彻。事迹已不可考。

恭俭，拔^①出公忠之属而无阿私。民孰敢不辑^②！'"

季彻局局然笑曰："若夫子之言，于帝王之德，犹螳螂之怒臂以当车轶^③，则必不胜任矣。且若是，则其自为处危，其观台^④多物，将往投迹者众。"

蒋闾葂觑觑然惊曰："葂也汒若于夫子之所言矣。虽然，愿先生之言其风^⑤也。"

季彻曰："大圣之治天下也，摇荡民心，使之成教易俗，举灭其贼心而皆进其独志^⑥，若性之自为，而民不知其所由然。若然者，岂兄^⑦尧、舜之教民，溟涬然弟^⑧之哉？欲同乎德而心居^⑨矣！"

　　蒋闾葂去拜见季彻时说："鲁君对我说：'请您给予指教。'我推辞未得准许，就已经告知他了，不知道讲得正确与否，请试着说给你听听。我对鲁君说：'处理政事一定要恭敬节俭，举荐公正忠实的臣子不要有偏爱和私心，

名师注解

① 拔：选拔，举荐。

② 辑：和睦。

③ 当：通"挡"。轶：车辙。这里指车轮。

④ 观台：官门两边的楼台。

⑤ 言其风：说了个大概。

⑥ 独志：一心所向往，指得道的心愿。

⑦ 兄：称之为兄，表示推崇。

⑧ 弟：称之为弟，表示追随。

⑨ 居：安居。

百姓谁敢不和睦呢！"

　　季彻听后笑道："照先生这样的话，想要达到帝王之德业，如同螳螂举臂阻挡车轮前进一样，必定是不能胜任的。如果这样做的话，一定会把自己陷于危险的境地，朝廷的事情多，前来奔走的人也会很多。"

　　蒋闾葂吃惊地说："我对先生所说的话茫然无知。虽然如此，愿先生讲说一二。"

　　季彻说："大圣人的治理天下，使民心振荡鼓舞，使其完成教化，改变世俗的习惯尽灭其贼害自性之心，而使他们都进入无己无待绝对逍遥之心态，好像他们的天性就是如此，百姓却不知道这是怎么回事。像这样，难道不是尊崇尧和舜教化百姓，俯首情愿跟随他们吗？圣人是想让人民与自然的德行统一而内心安定啊！"

　　百年之木，破为牺樽①，青黄而文之，其断在沟中。比牺樽于沟中之断，则美恶有间矣，其于失性一也。跖与曾史，行义有间矣，然其失性均也。且夫失性有五：一曰五色乱目，使目不明；二曰五声乱耳，使耳不聪；三曰五臭②薰鼻，困惾中颡③；四曰五味浊口，使口厉爽④；五曰趣舍⑤滑心⑥，使性飞扬。此五者，皆生之害也。而杨墨乃始离跂自以为得，非吾所谓得也。夫得者困，可以为得乎？则鸠鹗之在于笼也，

名师注解

① 牺樽：雕刻成牺牛形状的樽，是名贵的祭神器具。

② 五臭：羶、薰、香、腥、腐。臭，气味。

③ 困惾（zōng）中颡（sǎng）：气味冲逆，从鼻子通到嗓子。

④ 厉爽：得病。厉，病。爽，伤。

⑤ 趣舍：取舍的意思，趣，通"取"。

⑥ 滑心：心思迷乱，惑乱。

亦可以为得矣。且夫趣舍声色以柴其内^①，皮弁^②鹬冠搢笏绅修^③以约其外，内支盈于柴栅外重纆缴^④，睆睆^⑤然在缰缴之中而自以为得，则是罪人交臂历指而虎豹在于囊槛，亦可以为得矣。

　　百年的大树，伐倒剖开后雕刻成精美的酒器，再用青、黄二色彩绘出美丽的花纹，而余下的断木则弃置在山沟里。把酒器和沟里的断木进行比较，美丑就有了差别，不过从失去了原有的本性来说却是一样的。盗跖和曾参、史䲡在行为上好坏是有差别的，但从失去的天性来说是一样的。失去天性的情况有五种：一是五种颜色扰乱视觉，使得眼睛看不明晰；二是五种乐音扰乱听力，使得耳朵听不真切；三是五种气味熏扰嗅觉，困扰壅塞鼻腔并且直达额顶；四是五种滋味秽浊味觉，使得口舌受到严重伤害；五是取舍的欲念迷乱心神，使得心性驰竞不息、轻浮躁动。这五种情况，都是生命的祸害。但杨朱、墨翟极力想超出众人自以为有所得，但却不是我们所说的真正的得。虽有所得反被困，能说是得吗？那么斑鸠被关到笼子里，也可以算是得了。而且好恶和声色在心中，冠冕朝服拘束在外，内心塞满了栅栏，身体外面束缚了绳索，在被绳索捆绑中还自认为得意，那么被反绑的罪犯、关在兽栏里的虎豹，都可以称得上是得了！

名师注解

① 柴其内：在心中堵塞，扰乱了本性。

② 皮弁：用皮做的一种帽子，形状如瓜皮帽。

③ 搢笏绅修：朝服。

④ 纆缴：绳子，绳索。

⑤ 睆睆：眺望远处。

延伸思考 --

从"黄帝游乎赤水之北"的故事中，我们学到了什么？

天 运①

名师导读

本篇主要在于讨论无为而治。所谓"天运"，即指各种天地万物无心而自动运行。本篇与前几篇的不同之处是作者首次从发展变化的角度来认识宇宙万物的规律，体现了辩证而朴素的哲学观。

"天其运乎？地其处乎？日月其争于所乎？孰主张②是？孰维纲③是？孰居无事而推行是？意者其有机缄而不得已邪？意者其运转而不能自止邪？云者为雨乎？雨者为云乎？孰隆施是？孰居无事淫乐而劝是？风起北方，一西一东，有上仿徨，孰嘘吸是？孰居无事而披拂④是？敢问何故？"

巫咸袑⑤曰："来！吾语女。天有六极五常，帝王顺之则治，逆之则凶。九洛之事，治成德备，临照下

名师点评

作者将天地万物的运行和变化，归结为六极五常的作用，这里蕴含了朴素的唯物认识论思想，在当时实属难能可贵。

名师注解

① 天运：自然规律的运行。

② 主张：主宰操纵。

③ 维纲：维系。

④ 拂：吹动，鼓动。

⑤ 巫咸：庄子虚拟的人物。袑：通"招"，打手势叫人来。

土，天下戴之，此谓上皇。"

参考译文

"天是在运行吗？地在静止不动吗？日月交替出没是在争夺居所吧？是谁在默默主宰这一切？是谁在维护着纲纪而使它们成为这个样子的呢？是谁空闲无事在推动着它们的运行？莫非是有机关操纵着而使它们不能停止吗？乌云是雨水蒸腾而成，还是雨水是乌云降落而成呢？是谁在行云布雨？有谁会安居无事贪求欢乐去推动这种现象的运行呢？风从北方刮起来，一会儿向西，一会儿向东，在天空中徘徊，是谁吐气或吸气造成的？谁吹动它们运行呢？请问是什么原因呢？"

巫咸招呼着说："来，让我来告诉你。大自然本身就存在六合和五行，帝王如果能顺应自然天下就会治理得很好，违背它就会招来灾祸。九州的事情治理成功，德行就完备，帝王功德盖世，受到百姓的爱戴，这就是上皇治理国家的方法。"

商大宰荡[①] 问仁于庄子。庄子曰："虎狼，仁也。"

曰："何谓也？"

庄子曰："父子相亲，何为不仁？"

曰："请问至仁。"

庄子曰："至仁无亲。"

大宰曰："荡闻之，无亲则不爱，不爱则不孝。谓至仁不孝，可乎？"

庄子曰："不然。夫至仁尚矣，孝固不足以言之。此非过

名师注解

① 商大宰荡：商：即宋国，因宋国是商的后代，故称。大宰：官名。荡：大宰名。

孝之言也，不及孝之言也。夫南行者至于郢^①，北面而不见冥山^②，是何也？则去之远也。故曰：以敬孝易，以爱孝难；以爱孝易，以忘亲难；忘亲易，使亲忘我难；使亲忘我易，兼忘天下难；兼忘天下易，使天下兼忘我难。夫德遗尧、舜而不为也，利泽施于万世，天下莫知也，岂直太息而言仁孝乎哉！夫孝悌仁义，忠信贞廉，此皆自勉以役其德者也，不足多也。故曰：至贵，国爵并焉；至富，国财并^③焉；至愿^④，名誉并焉。是以道不渝^⑤。"

参考译文

　　宋国的大宰荡向庄子请教有关仁的问题。庄子说："虎和狼也具有仁爱。"

　　大宰说："这话应该怎么理解呢？"

　　庄子说："虎狼父子也能相互亲爱，为什么不能叫作仁呢？"

　　大宰说："请教最高境界的仁。"

　　庄子说："最高境界的仁就是无所偏爱。"

　　大宰说："没有亲就没有爱，没有爱就不孝。如果说至仁不孝，行吗？"

　　庄子说："不是这个意思。最高境界的仁实在值得推崇，孝本来就不足以说明它。这并不是要责备行孝的言论，而是没有达到孝的言论。向南走到郢都，向北望就望不到冥山了，这是为什么呢？是因为距离太远了。因此说：

名师注解

① 郢：楚国的都城，在今湖北江陵北部。

② 冥山：虚构的山名。

③ 并：读为"屏"，屏蔽、舍弃。

④ 愿：荣耀，显荣。

⑤ 渝：通"逾"，改变。

用恭敬的态度来行孝容易，以爱的本心来行孝困难；用爱尽孝容易，让父母感觉安稳舒适就不容易了；让父母感觉安稳舒适容易，但是让父母不牵挂作为孩子的我却难；让父母不牵挂容易，使天下安稳就不易了；使天下安稳容易，使天下忘我却不容易。德不为尧舜所用，恩泽惠及万世，天下人却不知道，难道还需要对孝赞叹夸奖吗？孝、悌、仁、义、忠、信、贞、廉，这些都是用来劝勉自身而拘役真性的，不值得推崇。所以说，最为尊贵的，国家的爵位可以舍弃；最为富有的，国家的财富可以舍弃；最为荣耀的，可以把任何名誉都舍弃。所以，大道是永恒不变的。"

北门成①问于黄帝曰："帝张《咸池》②之乐于洞庭之野③，吾始闻之惧，复闻之怠④，卒闻之而惑；荡荡默默⑤，乃不自得。"

帝曰："汝殆其然哉！吾奏之以人，徵之以天，行之以礼义，建之以太清。夫至乐者，先应之以人事，顺之以天理，行之以五德，应之以自然。四时迭起，万物循生；一盛一衰，文武伦经；一清一浊，阴阳调和，流光其声；蛰虫始作，吾惊之以雷霆；其卒无尾，其始无首；一死一生，一偾一起，所常无穷，而一不可待。汝故惧也。

"吾又奏之以阴阳之和，烛之以日月之明。其声能短能长，能柔能刚，变化齐一，不主故常；在谷满谷，在阬满阬；

名师注解

① 北门成：姓北门，名成，黄帝的臣子。

② 咸池：乐曲名。

③ 洞庭之野：辽阔的旷野。

④ 怠：松懈。

⑤ 荡荡：恍恍惚惚。默默：昏昏暗暗。

涂^①郤守神，以物为量。其声挥绰^②，其名高明。是故鬼神守其幽，日月星辰行其纪。吾止之于有穷，流之于无止。子欲虑之而不能知也，望之而不能见也，逐之而不能及也傥然立于四虚之道^③，倚于槁梧^④而吟。心穷乎所欲知，目穷乎所欲见，力屈乎所欲逐，吾既不及已夫！形充空虚，乃至委蛇。汝委蛇^⑤，故怠。

"吾又奏之以无怠之声，调之以自然之命，故若混逐丛生，林乐而无形，布挥而不曳^⑥，幽昏而无声。动于无方，居于窈冥^⑦；或谓之死，或谓之生；或谓之实，或谓之荣；行流散徙，不主常声。世疑之，稽于圣人。圣也者，达于情而遂于命也。天机不张而五官皆备，无言而心说，此之谓天乐。故有焱氏^⑧为之颂曰：'听之不闻其声，视之不见其形，充满天地，苞裹六极。'汝欲听之而无接焉，而故惑也。

乐也者，始于惧，惧故祟。吾又次之以怠，怠故

读书笔记

名师点评

天地六极，处处皆声，从何处听起，因此说无接。

名师注解

① 涂："杜"的借字，杜绝。

② 挥绰：悠扬，表现了"阴阳之和"。

③ 傥然：心不在焉的样子。四虚：四方渺茫空虚。

④ 槁梧：几案。

⑤ 委蛇：随机而变的样子。

⑥ 不曳：没有牵累。

⑦ 窈冥：遥远幽昧的样子。

⑧ 有焱氏：神农氏。

遁 ①；卒之于惑，惑故愚；愚故道，道可载而与之俱也。"

参考译文

北门成向黄帝请教说："你在广漠的原野上演奏《咸池》乐曲，我刚听到的时候感到惊惧，再听的时候就逐步松缓下来，最后就听得迷惑了。心神恍惚，竟而不知所措。"

黄帝说："你恐怕会有那样的感觉吧！我因循人情来演奏乐曲，取法自然的规律，用礼义加以推进，用自然元气来应和。最高雅完整的音乐，先能顺应人事，遵循天理，用五德来推演，用自然来应合。四时依顺序而起，万物接顺序生，忽然繁盛忽然衰落，生和杀依照顺序进行；清澈和着浑浊，阴阳相互调配交和，声光在流动中相互交应；冬眠的虫子刚开始动，我就用雷霆惊动它，所以乐曲结束的时候感觉不到结尾，开始的时候也感觉不到开头；忽然消失忽然兴起，忽然停歇忽然发起，变化多端没有穷尽，不能够全然期待。因此你会感到惊恐不安。

"我又用阴阳的调和来演奏，像是用日月的光辉来照耀；乐声能短能长，能柔能刚，变化遵循着一定的条理，却并不拘泥于故态和常规；音乐声传到山谷就会充满山谷，传到深坑，就能填满深坑；情感能被约束，精神能被守护，能够遵循自然。乐声悠扬广远，可以称作高如上天、明如日月。因此连鬼神也能持守幽暗，日月星辰也能运行在各自的轨道上。我的演奏有时停止了，但它的回声却是无穷的。你想思考它却不能知晓，观望它却不能看见，追赶它却总不能赶上；只得无心地伫立在通达四方而无涯际的大道上，依着几案吟咏。内心穷竭于想要了解的东西，眼睛穷竭于想要看到的东西，精神和力量穷竭于想要追逐的东西，你不能追赶上我了！形体充实但内心是空明的，因此可以随顺应变。你随顺应变，所以惊恐不安的情绪慢慢平息下来。

"我又用不懈怠的声音去演奏，用自然的节奏来调和，因此音调混杂，许多音乐同时演奏但却没有留下一点痕迹，乐声传播但不留牵绊，幽暗昏昧

名师注解

① 遁：隐遁。

不能闻听。它变化莫测，传到深远幽暗的境界；有时候可以说它消逝，有时候又可以说它兴起；有时候可以说它实在，有时候又可说它虚华；游移不定，不局限于常调。世人充满疑惑，就向圣人请教。圣就是通达事理而顺应于自然。天性不动而五官已经齐备，不用言说内心喜悦，这就是出自本然的乐声，犹如没有说话却心里喜悦。因此，神农称赞说：'耳朵听不见声音，眼睛看不到形体，但是它却充满天地间，容纳了六极'。你想听但是却不能听到，就会感到迷惑。

这样的乐章，从忧惧开始，因为忧惧而认为是祸患。我接着又演奏了使人心境松缓的乐曲，你因为松缓而渐渐消除恐惧；乐声最后在迷惑不解中终结，你因为迷惑不解而无知无识似的；心灵淳和无知，这样也就接近道了，到这种境地，就可以与道相互融合了。"

孔子西游于卫，颜渊问师金①曰："以夫子之行为奚如？"

师金曰："惜乎，而夫子其穷哉！"

颜渊曰："何也？"

师金曰："夫刍狗②之未陈也，盛以箧衍③，巾以文绣，尸祝齐戒④以将之。及其已陈也，行者践其首脊，苏者⑤取而爨之而已。将复取而盛以箧衍，巾以文绣，游居寝卧其下，彼不得梦，必且数眯⑥焉。今而夫子，亦取先王已陈刍狗，聚弟子游居寝卧其下。故伐树于宋，削迹⑦于卫，穷于商、周，是

名师注解

① 师金：鲁国的太师，金是他的名字。

② 刍狗：用茅草扎成狗的形状，用来祭神。

③ 箧衍：竹箱子之类。

④ 齐戒：斋戒。齐，通"斋"。

⑤ 苏者：以砍柴为生的人。

⑥ 眯：做噩梦。

⑦ 削迹：把痕迹消除，即绝迹。

非其梦邪？围于陈蔡之间，七日不火食，死生相与邻，是非其眯邪？

"夫水行莫如用舟，而陆行莫如用车。以舟之可行于水也而求推之于陆，则没世不行寻常①。古今非水陆与？周、鲁非舟车与？今蕲行周于鲁，是犹推舟于陆也，劳而无功，身必有殃。彼未知夫无方之传，应物而不穷者也。

"且子独不见夫桔槔②者乎？引之则俯，舍之则仰。彼，人之所引，非引人也，故俯仰而不得罪于人。故夫三皇五帝之礼义法度，不矜③于同而矜于治，故譬三皇五帝之礼义法度，其犹柤④梨橘柚邪！其味相反而皆可于口。

"故礼义法度者，应时而变者也。今取猨狙而衣以周公之服，彼必龁啮挽裂，尽去而后慊⑤。观古今之异，犹猨狙之异乎周公也。故西施病心而矉⑥其里，其里之丑人见之而美之，归亦捧心而矉其里。其里之富人见之，坚闭门而不出，贫人见之，挈妻子而去走。彼知

名师点评

这一段完全从社会发展变化的角度来阐释古代的礼乐制度，并批评了孔子因循守旧、不懂得事物的变化并无常规，指出人类应该顺应万物的变化。"故礼义法度者，应时而变者也。"是点睛之笔。

名师注解

① 寻常：长度单位，八尺为寻，二寻为常。

② 桔槔：提水的工具。

③ 矜：崇尚。

④ 柤：山楂。

⑤ 慊：满足。

⑥ 矉（pín）：通"颦"，皱眉。

瞴美，而不知瞴之所以美。惜乎，而夫子其穷哉！"

参考译文

　　孔子向西边游历到卫国，颜渊问师金："你认为夫子此次卫国之行怎么样？"

　　师金说："可惜，你的老师不通达。"

　　颜渊问："为什么？"

　　师金说："用草扎成的狗还没有用于祭祀，一定会用竹制的箱笼来装着，用绣有图纹的饰物来披着，祭祀主持人斋戒后迎送着。等祭祀结束后，路上的行人踩踏它的头和脊背，拾草的人捡回去用于烧火煮饭罢了。假如有人把它重新取回去用竹箱子装着，用绣着花纹的饰物盖着，放在悠游居所，睡在它的旁边，即使不会招来噩梦，也会一次又一次地感受到梦魇似的压抑。如今你的老师，也是在取法先王已经用于祭祀的草扎之狗，并聚集众多弟子游乐居处于它的身边。因此遭受在宋国的树下讲法而大树被伐的羞辱，在卫国被禁止留居，在商、周等地游历遭到困厄，这些不都是噩梦吗？在陈国和蔡国的接壤处被围困，整整七天没有能生火就食，临近死亡的边缘，难道这些不是梦魇吗？

　　"在水上划行没有什么比得上用船的，在陆地上行走没有什么比得上用车的。认为船在水上可以行走，就想让它在陆地上行走，这样终生也走不了多远。古今的不同不就像是水面和陆地的差异吗？周和鲁的差异不就像是船和车的不同吗？现在想把周的制度推行到鲁国，就如同把船推到陆地上行走，付出辛劳但不会成功，自身也难免遭受祸殃。他不知道随时而变，在任何情况下都需和外界的情势相适应的道理。

　　"你难道没有看见涉水的桔槔吗？放下它的一端而另一端便俯身临近水面，拉下它的一端而另一端就高高仰起。那吊杆，是因为人的牵引，并非它牵引了人，所以无论是俯下，还是仰起都不会得罪人。远古三皇五帝时代的礼义法度，人们看重的不是它的相同处而是它的适用性。因此用三皇五帝的礼仪和法度做比喻，就好像是山楂、梨、柑橘和柚子一样，虽然味道不同，但是都很可口。

"因此，礼仪法度是随着时代的变化而变化的。现在给一只猴子穿上周公的礼服，它一定会把衣服撕裂咬碎，直到完全脱掉后才满意。观察古今的差异，就像猿猴不同于周公。从前西施心口疼痛而皱着眉头在邻里间行走，邻里的一个丑女人看见了认为皱着眉头很美，回去后也在邻里间捂着胸口皱着眉头。村里的富人看见了，就关闭大门不出来，贫穷的人看见了，就带着妻子和儿女跑开。那个丑女人只知道西施皱着眉头好看却不知道西施皱着眉头好看的原因。可惜呀！你的老师是行不通的。"

孔子行年五十有一而不闻道。乃南之①沛②见老聃。

老聃曰："子来乎？吾闻子，北方之贤者也，子亦得道乎？"

孔子曰："未得也。"

老子曰："子恶乎求之哉？"

曰："吾求之于度数，五年而未得也。"

老子曰："子又恶乎求之哉？"

曰："吾求之于阴阳。十有二年而未得。"

老子曰："然。使道而可献，则人莫不献之于其君；使道而可进，则人莫不进之于其亲；使道而可以告人，则人莫不告其兄弟；使道而可以与人，则人莫不与其子孙。然而不可者，无它也，中无主而不止，外无证③而不行。由中出者，不受于外，圣人不出；由外入者，无主于中，圣人不隐。名，公器

名师注解

① 之：去，到。

② 沛：地名，在今天的江苏省沛县。

③ 证：验证。

也，不可多取。仁义，先王之蘧庐①也，止可以一宿而不可久处，觏而多责。

"古之至人，假道于仁，托宿于义，以游逍遥之墟，食于苟简②之田，立于不贷之圃。逍遥，无为也；苟简，易养也；不贷，无出也。古者谓是采真之游。

"以富为是者，不能让禄；以显为是者，不能让名；亲权者，不能与人柄。操之则慄，舍之则悲，而一无所鉴，以窥其所不休者，是天之戮民也。怨③恩取与谏教生杀，八者，正之器也，唯循大变无所湮者为能用之。故曰，正者，正也。其心以为不然者，天门④弗开矣。"

名师点评

这一部分通过老聃与孔子的对话来阐释道，指出名声和仁义都不过是身外之物，人真正需要的是"无为"。

参考译文

　　孔子活到五十一岁还没有得道，于是就到南面的沛县拜访老聃。

　　老聃说："你来了啊？我听说你是北方的贤人，你恐怕已经领悟了大道吧？"

　　孔子说："还未能得到。"

　　老子问："那你是怎么求道的呢？"

　　孔子答："我从法度、术数方面寻求，用了五年的时间还没有得到。"

名师注解

① 蘧庐：旅舍。

② 苟简：简略。

③ 怨：厌恶。

④ 天门：天道之门。

老子说："那你又怎么样去寻求道呢？"

孔子说："我在阴阳的变化里寻求，十二年了还是未能得到。"

老子说："是的，假使道可以用来进献，那么人们没有谁不会向国君进献大道；假使道可以用来奉送，那么人们没有谁不会向自己的双亲奉送大道；假使道可以传告他人，那么人们没有谁不会告诉给他的兄弟；假使道可以给予人，那么人们没有谁不会用来给予他的子孙。但这种事情是不可能的，没有别的原因，内心不悟道就不会停留，在外面不能够求证道就不会实行。出于内心所悟，就不被外界接受，圣人也就不会有所传教；从外部进入内心的东西，倘若心中无所领悟而不能自持，圣人也就不会有所隐藏。名声，乃是人人都可使用的器物，不可过多猎取；仁义是先王的旅馆，只可以住一宿但是不能长久的居住，住久了责难也就会多起来。

"古代有最高德行的人，只是借路于仁，暂住于义，而游乐于自由自在、无拘无束的境域，得食于贫瘠田地上，立身于不施与的园圃。这样就能逍遥无为，简单知足；不施与，不损费，古代称这种情况叫作尽去繁缛得乎大道的神游。

"把财富作为自己追求的目标，不会把利禄让给别人；把显赫荣耀作为自己追求目标的，就不会把名誉让给别人；追求权势的人，不会授人权柄。掌握了利禄、名声和权势便唯恐丧失而整日战栗不安，舍弃又觉得悲伤，心中没有一点明见，目中全是不停追求的东西，从自然道理的观点上来看，他们就像受上天刑戮的人。怨恨、恩惠、获取、施与、谏诤、教化、生存、杀戮，这八种做法全是用来修正他人的工具，只有能顺应外物的变化而不为物欲停滞的人，才能够使用。所以说，先自正的人，才能够使人端正。内心不能这样的，那么心灵的门户就永远不可能打开。"

延伸思考

"天有六极五常，帝王顺之则治，逆之则凶。"是什么意思？你觉得六极五常的说法正确吗？谈谈你自己的看法。

知识拓展

《九洛》的由来

传说大禹治水的时候，有一只乌龟从洛河水中浮游出来，龟背上有《洛书》的图案，其内容可分为九类，其结构是戴九履一，左三右七，二四为肩，六八为足，以五居中，五方白圈皆阳数，四隅黑圈为阴数，所以《洛书》又被称为《九筹洛书》《九洛》，相传《九洛》所记载的都是治理天下的法门，大禹受到启发，最终治好了水患。

刻 意

名师导读

　　本篇主要讨论修身养神的问题，作者认为每个人的自身情况不同，所以修养要求也各不相同，但只有"虚无恬淡"才合乎"天德"，才是修养的最高境界。

　　刻意尚行，离世异俗，高论怨诽①，为亢而已矣；此山谷之士，非世之人，枯槁赴渊者之所好也。语仁义忠信、恭俭推让，为修而已矣；此平世之士，教诲之人，游居学者之所好也。语大功，立大名，礼君臣，正上下，为治而已矣；此朝廷之士，尊主强国之人，致功并兼者之所好也。就薮泽②，处闲旷，钓鱼闲处，无为而已矣；此江海之士，避世之人，闲暇者之所好也。吹呴③呼吸，吐故纳新，熊经鸟申，为寿而已矣；此导引④之士，养形之人，彭祖寿考⑤者之所好也。

　　若夫不刻意而高，无仁义而修，无功名而治，无江海而

名师注解

① 怨诽：愤世嫉俗。

② 薮泽：湖泽。

③ 吹呴：呼吸，吐气。呴，通"嘘"。

④ 导引：引导，指引。

⑤ 寿考：长寿。考，老。

闲，不导引而寿，无不忘也，无不有也，澹然无极而众美从
之。此天地之道，圣人之德也。

磨砺心志崇尚品行，超脱俗世，谈吐不凡，抱怨怀才不遇而讥评世事无道，算是孤高卓群罢了；这是避居山谷的隐士、愤世嫉俗的人、刻苦修行的人、能牺牲自我的人所追求的。谈论仁义忠信、恭敬节让，是洁身自好而已；这是平时治世的人、教化别人的人、游居讲学的人所追求的。讨论立大功，成大名，维护君臣之间的秩序，协调上下的关系，是讲求治道而已；这是身处朝廷的人、尊重君王报效国家的人、拓宽疆土建立功业的人所追求的。走向山林湖泽，处身闲暇旷达，通过钓鱼来消遣时光，算是无为自在罢了；这是游走江湖、躲避世事、闲暇幽居的人所追求的。嘘唏呼吸，吐却胸中浊气吸纳清新空气，像黑熊攀缘引体、像飞鸟展翅，算是善于延年益寿罢了；这是引导养形的人、像彭祖一样高寿的人所追求的。

假如有不通过刻意磨砺心志而高尚，不讲究仁义而修身，不追求功名而治世，不需避居江湖而心境自然闲暇，不需修炼导引而自然寿延长久，就没有什么不忘于身外，没有什么不能为己所有的，恬淡没有止境，世上一切美好的东西都汇聚在他的周围。这就是天地的大道，圣人的无尚美德。

故曰，夫恬惔①寂漠，虚无无为，此天地之平，而道德之
质也。故曰，圣人休焉，休则平易矣，平易则恬惔矣。平易恬
惔，则忧患不能入，邪气不能袭，故其德全而神不亏。

名师注解
① 惔：通"淡"。

故曰，圣人之生也天行，其死也物化^①；静而与阴同德，动而与阳同波；不为福先，不为祸始；感而后应，迫而后动，不得已而后起。去知与故，循天之理。故无天灾，无物累，无人非，无鬼责。其生若浮，其死若休。不思虑，不豫谋。光矣而不耀，信矣而不期。其寝不梦，其觉无忧。其神纯粹，其魂不罢^②。虚无恬惔，乃合天德。

故曰，悲乐者，德之邪；喜怒者，道之过；好恶者，心之失。故心不忧乐，德之至也；一而不变，静之至也；无所于忤^③，虚之至也；不与物交，惔之至也；无所于逆，粹之至也。

参考译文

　　所以说，恬淡寂寞，虚无无为，是天地的准则和道德的根本。圣人总是停留在恬淡虚无的境域里，停留在这一境域也就平坦而无难了，平稳无难则易臻恬淡之境。平稳恬淡，忧患就不能侵入，也不能受到邪气的侵袭，德行于是就全备而精神也没有亏损。

　　所以说，圣人生于世间顺应自然而行，他们离开人世又像万物一样消逝而去；平静时跟阴气一样宁寂，运动时又跟阳气一道波动；不做幸福的根源，不为祸患的开始；有所感然后回应，有所迫然后才行动，不得已然后兴起。抛弃智慧与奸诈世故，遵循天理。所以没有自然的灾祸，没有外物的牵累，没有旁人的非议，没有鬼神的责难。活着的时候好像浮游，离开人世好像是

名师注解

① 物化：事物之间的必然转化。

② 罢：通"疲"，疲劳，疲惫。

③ 忤：逆，抵触。

去休息。不思虑也不预先谋划，有光亮但不耀眼，可信但却不期求。睡觉的时候不会做梦，醒着的时候没有忧患。精神纯粹，精力不疲惫。虚无恬淡，才与自然的德行相符合。

所以说，悲哀和欢乐乃是背离德行的邪妄，喜悦和愤怒乃是违反大道的罪过，喜好和憎恶乃是忘却真性的过失。所以内心没有担忧和快乐，是德行的最高境界；持守专一而没有变化，是寂静的最高境界；不与任何事物抵触，是虚豁的最高境界；不与外物交往，是恬淡的最高境界；没有违逆，是纯粹的最高境界。

故曰，形劳而不休则弊^①，精用而不已则劳，劳则竭。水之性，不杂则清，莫动则平；郁闭而不流，亦不能清；天德之象也。

故曰，纯粹而不杂，静一而不变，惔而无为，动而以天行，此养神之道也。

夫有干^②越之剑者，柙而藏之，不敢用也，宝之至也。精神四达并流，无所不极，上际于天，下蟠于地，化育万物，不可为象，其名为同帝^③。

纯素之道，唯神是守；守而勿失，与神为一；一之精^④通，合于天伦。野语有之曰："众人重利，廉士重名，贤人尚志，圣人贵精。"故素也者，谓其无所与杂也；纯也者，谓其不亏其神也。能体纯素，谓之真人。

名师注解

① 弊：疲弊。

② 干：古代小国名，后被吴国所灭，这里代指吴国。

③ 同帝：和天地相同。

④ 精：纯粹。

参考译文

所以说，身体劳累而不休息，就会疲乏不堪，精力使用过度就会元气劳损，元气劳损就会精力枯竭。水的天性，不混杂质就会清澈，不搅动就很平静；闭塞而不流动，就不会清澈。这是自然的现象。

所以说，纯净精粹而不混杂，静寂持守而不改变，恬淡而又无为，运动则顺应自然而行，这就是养神的道理。

就如同拥有吴越地方出产的宝剑，用匣子秘藏起来，不敢轻易使用，因为这是最为珍贵的。精神可以通达四方，没有什么地方不可到达，上接近苍天，下遍及大地，化育万物，却又不可能捕捉到它的踪迹，它的名字就叫作同于天帝。

纯粹质朴的道，就是持守住精神；持守精神而不失去本真，就和精神融合为一；浑一使精智畅通无碍，合于自然之理。俗语说："一般的人以私利为重，廉洁的人以名声为重，贤良的人以志节为重，圣明的人以精神为重。"所以，素就是没有杂质，纯就是对精神没有损害。能够体悟到淳朴的就是真人。

延伸思考

成语"吐故纳新"是什么意思？出自哪里？通过本篇的学习，你还掌握了哪些成语，试着举例说明。

缮 性

名师导读

所谓"缮性"，指的就是修治性情。全篇首先是提出"以恬养知"的观点，认为一旦遵从世俗就必定无法"复其初"。其次，追怀混沌鸿蒙、淳风未散的远古时代，指出在时代推移的过程之中德行已然逐渐衰退，其原因在于"文灭质""博溺心"。最后，指出修养生性的关键在于"正己"和"得志"。

本文的可贵之处是提到"不为轩冕肆志，不为穷约趋俗"，劝勉了不得志的穷困者应坚守自己的情操，这在当今社会具有较强的现实意义。

缮性于俗学①，以求复其初；滑欲于俗思，以求致其明；谓之蔽蒙之民。

古之治道者，以恬养知；知生而无以知为也，谓之以知养恬。知与恬交相养，而和理出其性。夫德，和也；道，理也。德无不容，仁也；道无不理，义也；义明而物亲，忠也；中纯实而反乎情，乐也；信行容体而顺乎文，礼也。礼乐遍行，则天下乱矣。彼正而蒙己德，德则不冒②，冒则物必失其性也。

名师注解

① 缮性：修缮本性。俗学：指当时流行的儒学、法学等。

② 冒：显露，炫耀。

参考译文

　　用世俗的学问修缮本性，靠仁义礼智的俗学来期求复归原始的真性；用世俗的思维来迷乱欲望，还期望能明白通达。这种就是闭塞蒙昧的人。

　　古时候研习修道的人，用恬静来涵养智慧。智慧生成后不外用，这就是运用智慧涵养恬静。智慧和恬静互相涵养，和谐就在本性中生发出来了。德，就是和同；道，就是顺从。没有德不能包容的，这就是仁；没有道不能顺从的，这就是义；道义显明因而万物相亲，这就是忠；内心淳厚朴实而且恢复了本性，这就是乐；行事诚信、仪容得体且注重修饰，这就是礼。礼乐遍行于世，天下就乱了。人自正源自自己的德行，隐藏自己的德行不强加给别人，强加给别人就一定会把自然的本性失去。

　　古之人，在混芒①之中，与一世而得澹漠焉。当是时也，阴阳和静，鬼神不扰，四时得节，万物不伤，群生不夭，人虽有知，无所用之，此之谓至一。当是时也，莫之为而常自然。

　　逮德下衰，及燧人伏羲②始为天下，是故顺而不一。德又下衰，及神农黄帝始为天下，是故安而不顺。德又下衰，及唐虞始为天下，兴治化之流，浇淳散朴，离道以善，险德以行，然后去性而从于心。心与心识知，而不足以定天下，然后附之以文，益之以博。文灭质，博溺心，然后民始惑乱，无以反其性情而复其初。

名师注解

① 混芒：混混沌沌。

② 燧人：是传说中的远古帝王，发明钻木取火，改生食为熟食。伏羲：是传说中后于燧人氏的远古帝王，开始驯服野兽，发明畜牧业。

由是观之，世丧道矣，道丧世矣。世与道交相丧也，道之人何由兴乎世，世亦何由兴乎道哉！道无以兴乎世，世无以兴乎道，虽圣人不在山林之中，其德隐矣。

隐，故不自隐。古之所谓隐士者，非伏^①其身而弗见也，非闭其言而不出也，非藏其知而不发也，时命大谬也。当时命而大行乎天下，则反一无迹；不当时命而大穷^②乎天下，则深根宁极而待。此存身之道也。

参考译文

　　古代的人，生活在混沌迷茫中，他们都恬静淡漠、对别人无所求。那时，阴与阳和谐而又宁静，鬼神也不会干扰，四季的变化顺应时节，万物全不会受伤害，众生没有夭亡的，人们即使内存心智，也没处可用，这就是最为完满的浑一状态。那时，无所作为而万物顺乎自然。

　　等到道德开始衰败时，到了燧人氏、伏羲氏统治天下，世事顺遂但已不能浑然为一。道德再度衰退，到了神农氏和黄帝统治天下，世道安定却已不能顺遂民心与物情。道德再度衰退，到了唐尧、虞舜开始治理天下的时候，教化兴起，淳朴的民风被离散，悖逆道去求善，背离德去做事，然后抛弃天性而顺从各自的欲望。人心之间互相窥测，因此不足以安定天下，然后又加之以浮华的文饰，增加广博的学问。文饰浮华毁坏了质朴之风，杂乱的俗学掩盖了纯真的心灵，然后百姓开始迷惑，就不能够恢复恬静淡漠的性情，返回到自然的本初了。

　　由此看出，世间丧失了自然之道，自然之道丧失了人世。世间和大道互相丧失。通晓道的人怎么才能在世间兴起呢？道怎么在世间兴起呢？道不能

名师注解

① 伏：潜伏，隐匿。

② 穷：穷困。

兴起在世间，世间也不能使道兴起，即使圣人不隐身于山林之中，他的德行也必将隐没而不为人知。

隐退却不是自己故意的。古时候的隐士，并不是为了隐伏身形而不愿显现于世，也不是闭塞言论不宣示，更不是为了深藏才智而不愿有所发挥，而是因为机缘不巧。如果机缘巧合大道将大行于天下，就会返归浑沌纯一之境而不显露踪迹；机缘不巧就甘于穷困于天下，就深藏缄默来宁静等待，这就是保全自身的办法。

古之存身者，不以辩饰知，不以知穷天下，不以知穷德①，危然处其所而反其性已，又何为哉！道固不小行，德固不小识。小识伤德，小行伤道。故曰，正己而已矣。乐全之谓得志。

古之所谓得志者，非轩冕之谓也，谓其无以益其乐而已矣。今之所谓得志者，轩冕之谓也。轩冕在身，非性命也，物之傥来②，寄者也。寄之，其来不可圉③，其去不可止。故不为轩冕肆志，不为穷约趋俗，其乐彼与此同，故无忧而已矣。今寄去则不乐，由是观之，虽乐，未尝不荒④也。故曰，丧己于物，失性于俗者，谓之倒置之民。

名师注解

① 穷德：使自己的心性困惑。

② 傥来：意料之外。

③ 圉（yǔ）：通"御"，抵御。

④ 荒：通"慌"，迷乱。

参考译文

古时候善保全自身性命的，不用言论来文饰智慧，不用智巧使天下人困窘，不用心智使德行受到困扰，巍然自持地生活在自己所处的环境而返归本性与真情，还有什么需要作为呢！道本来是不需要小伎俩的，德本来也是不需要小聪明的。小聪明把德损伤了，小伎俩伤害大道。所以说，端正自己就可以了。乐意保持天性就是得志。

古时候所说的得志，不是指高官厚禄地位尊贵，而是无以复加的自得自适。现在人们所说的得志，就是指高官厚禄地位尊贵。富贵荣华在身，并不是出自本然，是意外得来的外物，是临时寄托的东西。临时寄托的物品，来的时候不可阻挡，它们离去也难以阻止。因此，不可为了富贵荣华而恣意放纵，不要为穷困紧迫趋炎于俗世，身居高位的快乐与穷困的快乐是相同的，因此没有忧虑。临时寄托的物品离去就感觉不快乐，从这点看，即使曾经有过快乐，未尝不是心灵的荒疏。所以说，由于外物而丧失自身，由于流俗而失却本性，就是颠倒了本末的人。

延伸思考

你知道隐士吗？你觉得他们是怎样的一群人？作者又是怎么看待他们的呢？

秋 水

　　《秋水》是《庄子》的代表篇目之一，主要讨论人应当怎样去认识外物。前一部分通过北海若与河神的对话，逐步破除门户大小、精粗有无、是非贵贱之成见，进而明大道之用，别天人之分，层层递进，渐近于道。后一部分由六则寓言组成，六个寓言分别对上述观点进行了形象的诠释。

　　秋水时至，百川灌河，泾流之大，两涘渚崖之间，不辩牛马。于是焉，河伯①欣然自喜，以天下之美为尽在己。顺流而东行，至于北海，东面而视，不见水端，于是焉，河伯始旋②其面目，望洋向若③而叹曰："野语有之曰：'闻道百，以为莫己若者'，我之谓也。且夫我尝闻少仲尼之闻而轻伯夷之义者，始吾弗信；今我睹子之难穷也，吾非至于子之门，则殆矣，吾长见笑于大方④之家。"

　　北海若曰："井鼃不可以语于海者，拘于虚也；夏虫不可以语于冰者，笃于时也；曲士不可以语于道者，束于教也。

名师注解

① 河伯：古代神话中的黄河水神。

② 旋：转变。

③ 若：海神名。

④ 大方：大道。

今尔出于崖涘，观于大海，乃知尔丑[1]，尔将可与语大理矣。天下之水，莫大于海，万川归之，不知何时止而不盈[2]；尾闾泄之，不知何时已而不虚；春秋不变，水旱不知。此其过江河之流，不可为量数。而吾未尝以此自多者，自以比[3]形于天地而受气于阴阳，吾在天地之间，犹小石小木之在大山也，方存乎见小，又奚以自多！计四海之在天地之间也，不似礨空[4]之在大泽乎？计中国之在海内，不似梯米之在大仓乎？号物之数谓之万，人处一焉；人卒九州，谷食之所生，舟车之所通，人处一焉；此其比万物也，不似豪末之在于马体乎？五帝之所连，三王之所争，仁人之所忧，任士之所劳，尽此矣。伯夷辞之以为名，仲尼语之以为博，此其自多也，不似尔向之自多于水乎？"

参考译文

　　秋天由于阴雨连绵不断，众多大川的水流汇入黄河。水流之大，使水面变宽，对岸之间连牛马都不能分辨。于是河神欣然自喜，认为天下之水全都聚集在自己这里。河神顺着水流向东而去，来到北海边，面朝东边一望，看不见大海的尽头。于是河伯改变了骄傲自得的神态，望着海神仰首慨叹："有句俗语说：'听了上百条道理，认为没有谁能比得上自己'，说的就是我这

名师注解

① 丑：浅薄无知。

② 盈：满。

③ 比：通"庇"。

④ 礨（lěi）空：小孔，小穴。

样的人。而且我还曾听说过孔丘懂得的东西太少，伯夷的道义不深，开始我不相信；如今我亲眼看到了你是这样的浩淼博大、无边无际，如果我不来到这里就糟糕了，我就会被得道的人永远取笑。"

北海神说："对于井里的青蛙，不可能跟它们谈论大海，是因为它们受到生活空间的限制；对于夏天的虫子，不可能跟它们谈论冰，这是因为他们受到了时间的局限；不能和乡里的书生谈论大道，这是因为他们受到了礼教的束缚。如今你从河岸边出来，看到了大海，知道了自己的鄙陋，这样才可以和你一起谈论大道。天下的水，没有比海更大的，所有的河流都归依于它，不知道什么时候才会停歇，而大海却从不会满溢；尾闾泄漏了海水，不知道什么时候停止，但大海却不会枯竭；无论春天还是秋天，不见有变化，无论水涝还是干旱，大海不会有知觉。容量超过江河的水流，没有办法用数量计算。但我没有因此而自我满足，自从我从天地那里有了形体，从阴阳那里接受元气，我在天地间，就像大山上的小石、小木头一样，只有认为自己微小的念头，怎么会自我满足呢？四海存在于天地之间，不就像是大泽中的孔穴吗？中国存在于四海之内，不就像仓库里的小米粒吗？事物的名称有万种之多，而每个人只是众多人群中的一员；九州之内，能产谷米、车船能到达的人居之处只占其中的一份；一个人他比起万物，不就像是毫毛之末比整个马体吗？五帝所续连的，三王所争夺的，仁人所忧患的，贤才所操劳的，全在于这毫末般的天下呢！伯夷辞让而博取名声，孔丘阔论而显示渊博，这大概就是他们的自满与自傲，不就像你先前在河水暴涨时的洋洋自得吗？"

河伯曰："然则吾大①天地而小毫末，可乎？"

北海若曰："否，夫物，量无穷，时②无止，分无常，终始无故。是故大知观于远近，故小而不寡，大而不多，知量无穷；证曏③今故，故遥而不闷，掇而不跂，知时无止；察乎盈

名师注解

① 大：以……为大，是形容词意动用法。

② 时：按时。

③ 曏：通"向"（xiǎng），指从前、旧时。

虚，故得而不喜，失而不忧，知分之无常也；明乎坦涂①，故生而不说，死而不祸，知终始之不可故也。计人之所知，不若其所不知；其生之时，不若未生之时；以其至小求穷其至大之域，是故迷乱而不能自得也。由此观之，又何以知毫末之足以定至细之倪②！又何以知天地之足以穷至大之域！"

河神说："那么我认为天地最大，把毫毛之末看作最小，可以吗？"

北海神说："不可以。万物不可穷尽，时间没有止境，得失没有不变的常规，事物的终结和起始也没有定因。所以具有大智的人观察事物从不局限于一隅，不会因为事物小就认为少，不会因为事物大就认为它多，是因为他知道事物的变化是没有穷尽的。明白了古今一样的道理，因此对于久远的事情不感觉苦闷，对于眼前的也不去祈求，因为明白时间是没有止期的。明察事物盈虚的道理，有所得不会感到自喜，有所失也不会感到忧虑，是因为明白得失是没有定数的。明白生死不过是人应经历的大道，因此生存不会感到愉悦，死离人世不觉祸患加身，这是因为知道终了和起始是不会一成不变的。算算人所懂得的知识，远远不如他所不知道的东西多；他生存的时间，也远远不如他不在人世的时间长；用有限的生命去追求无穷无尽的大道，一定会迷乱从而没有任何收获。从这点来看，又怎么知道毫毛之末可定作是最小的限度，怎么知道天地是最大的领域呢！"

河伯曰："世之议者皆曰：'至精无形，至大不可围。'是信情乎？"

① 坦涂：平坦的道路。涂，通"途"。

② 倪：尺度，标准。

北海若曰："夫自细视大者不尽，自大视细者不明。夫精，小之微也；垺^①，大之殷也；故异便，此势之有也。夫精粗者，期于^②有形者也；无形者，数之所不能分也；不可围者，数之所不能穷也。可以言论者，物之粗也；可以意致者，物之精也；言之所不能论，意之所不能察致者，不期精粗焉。"

参考译文

河神说："世上谈论学问的人都说：'最精微的东西没有形体可寻，最大的东西不可测量'，这样的话是真实可信的吗？"

北海神说："从微小的角度去看巨大的事物，是不可能看全面的，从大的角度去看细小的事物，是不能够看明晰的。精微，是小中之小；庞大是大中之大；所以事物大小不同却各有相宜之处，这种情势就是事物所固有的态势。所说的精微粗大，只是局限于有形体的东西；至于没有形体的事物，是数量所不能衡量的；没有范围的东西，是不能够用数量来计算的。能够被谈论的东西，是事物中粗大的；能够用意识求得的东西，是事物中精微的；言语所不能谈论的，意识所不能求得的，也就不限于精微和粗大的范围了。"

河伯曰："若物之外，若物之内，恶至而倪^③贵贱？恶至而倪小大？"

北海若曰："以道观之，物无贵贱；以物观之，自贵而相贱；以俗观之，贵贱不在己。以差观之，因其所大而大之，则

名师注解

① 垺：本意是矮墙，引申为宏大的意思。

② 期于：限于，限定于。

③ 倪：区分。

万物莫不大；因其所小而小之，则万物莫不小；知天地之为稊
米也，知毫末之为丘山也，则差数睹矣。以功观之，因其所有
而有之，则万物莫不有；因其所无而无之；则万物莫不无；知
东西之相反而不可以相无，则功①分定矣。以趣观之，因其所
然而然之，则万物莫不然；因其所非而非之，则万物莫不非；
知尧、桀之自然而相非，则趣②操睹矣。

　　"昔者尧舜让而帝，之哙③让而绝；汤武争而王，白公④争而
灭。由此观之，争让之礼，尧、桀之行，贵贱有时，未可以为常
也。梁丽可以冲城，而不可以窒穴，言殊器也；骐骥骅骝，一日
而驰千里，捕鼠不如狸狌，言殊技也；鸱鵂⑤夜撮蚤，察毫末，
昼出嗔目而不见丘山，言殊性也。故曰，盖师是而无非，师治而
无乱乎？是未明天地之理，万物之情者也。是犹师天而无地，师
阴而无阳，其不可行明矣。然且语而不舍，非愚则诬也。帝王殊
禅，三代殊继。差其时，逆其俗者，谓之篡夫；当其时，顺其俗
者，谓之义之徒。默默乎河伯！女恶知贵贱之门，小大之家！"
　　……

名师注解

① 功：功能。

② 趣：趋向，取向。

③ 哙：指燕王。

④ 白公：人名，名胜，楚平王之孙，太子建之子。

⑤ 鸱鵂（chī xiū）：猫头鹰。

参考译文

　　河神说："假如在物体的表面，物体的内部，又怎么样来区分贵贱，怎么样来区分大小呢？"

　　北海神说："从道的观点来观察，万物原本没有贵贱之分；从事物自身的角度来看，他们都是自以为贵而以他物为贱；从世俗的观点来看，贵贱都不决定于自身。从差别的角度来观察，由大处看，万物没有一个不是大的；由小处看，万物没有一个不是小的；知道了天地，比起更巨大的东西，也不过是米粒一样，毫毛与更小的事物比较起来好像大山一样，万物相差的数量就看清楚了。从功用来观察，从有的方面来看，万物没有一个不具有这种功能；从没有的方面看，万物没有一个具有这种功能；知道东西方向对立但是却不能缺少任何一方，万物的功用就确定了。从人们的取向来看，依照它可以肯定的地方去肯定它，那么万物没有一个不是对的；依照它可以否定的地方去否定它，那么万物没有一个是对的。知道尧和桀都以为自己是对的却互相非议指责，那么人们的取向和节操就清楚了。

　　"从前尧和舜因为禅让而称帝，燕王哙和宰相子之却因为禅让而身亡；商汤和周武王因为争夺而称王天下，白公胜因为争夺王权而致死。由此看来，争夺和禅让的制度，尧和桀的行为，区分贵贱也有时间的差异，不能认为是固定不变的常理。栋梁进攻的时候能用于冲撞城门，但是却不可以用来堵小洞穴，这是说用处不一样；良马可以日行千里，但是捕捉老鼠却不如狸猫和黄鼠狼，这是说技术不同；猫头鹰晚上能够抓跳蚤，明察毫毛的末端，白天出来瞪大眼睛却看不到山丘，这是说性能不同。因此说，难道向对的人学习就不会有错，向善治的人学习就不会天下大乱吗？这是不明白天地的道理和万物的实情。就好像是向天取法而丢弃地，向阴取法而丢弃阳，很明显是不可行的。但至今仍持这一观点谈个不休的人，不是愚昧就是故意骗人。帝王的禅让不同，夏、商、周三朝的继承方式也不同。不合时代违逆俗世的，叫作篡权夺势的人；合于时代顺应俗世的人，就叫作高义的人。沉默吧，河神！你怎么能够知道贵贱的门径和小大的差别啊！"

夔^①怜^②蚿^③，蚿怜蛇，蛇怜风，风怜目，目怜心。

夔谓蚿曰："吾以一足趻踔^④而行，予无如矣。今子之使万足，独奈何？"

蚿曰："不然。子不见夫唾者乎？喷则大者如珠，小者如雾，杂而下者不可胜数也。今予动吾天机，而不知其所以然。"

蚿谓蛇曰："吾以众足行，而不及子之无足，何也？"

蛇曰："夫天机之所动，何可易邪？吾安用足哉！"

蛇谓风曰："予动吾脊胁而行，则有似也。今子蓬蓬然起于北海，蓬蓬然入于南海，而似无有，何也？"

风曰："然。予蓬蓬然起于北海而入于南海也，然而指我则胜我，鳍我亦胜我。虽然，夫折大木，蜚^⑤大屋者，唯我能也，故以众小不胜为大胜也。为大胜者，唯圣人能之。"

独脚的夔羡慕长着很多足的蚿，多足的蚿羡慕蛇，蛇羡慕风，风羡慕眼睛，而眼睛羡慕的是心灵。

夔对蚿说："我用一只脚跳跃着行走，哪里也去不了，现在你使用万只

名师注解

① 夔（kuí）：虚构的独脚兽。

② 怜：爱慕。

③ 蚿（xián）：多脚的虫。

④ 趻踔（chén chuō）：跳着走。

⑤ 蜚：通"飞"，吹卷的意思。

脚走路，是怎样的走法呢？"

蚿说："不是这样的。你没见过吐唾沫的人吗？吐出来的大的像珠子，小的像雾气，混杂在一起落下，不能够数清。现在我顺应天机而行，我也不知道为什么是这样的。"

蚿对蛇说："我用那么多的脚行走，但是还不如你没有脚走得快，为什么？"

蛇说："我顺应自然而动，怎么能够改变呢？我哪里用得着脚呢？"

蛇对风说："我靠运动脊背和两胁行走，好像有脚走路的样子。现在你从北海呼呼地刮来，呼呼地就刮到了南海，却没有形迹，为什么呢？"

风说："是的。我从北海呼呼地刮到了南海，但是人们用手来指和用脚来踢都能战胜我，盖因我穿不透手指和脚。但是，把大树吹折，把房屋吹散，只有我才能做到，这就是不追求小胜利而追求大胜利。能达成大胜利的，只有圣人才可以。"

　　孔子游于匡①，卫人围之数币②，而弦歌不惙。子路入见，曰："何夫子之娱也？"

　　孔子曰："来！吾语女。我讳穷③久矣，而不免，命也；求通久矣，而不得，时也。当尧舜而天下无穷人，非知得也；当桀纣之时而天下无通人，非知失也；时势适然。夫水行不避蛟龙者，渔父之勇也；陆行不避兕④虎者，猎夫之勇也；白刃交于前，视死若生者，烈士之勇也；知穷之有命，知通之有时，临大难而不惧者，圣人之勇也。由处矣，吾命有所制

名师注解

① 匡：卫国的地名。

② 币：周围。

③ 讳穷：忌讳道行不能通达。

④ 兕（sì）：野兽的一种，与犀牛相像。

矣，"无几何，将甲者进，辞曰："以为阳虎^①也，故围之。今非也，请辞而退。"

参考译文

　　孔子游官到了卫国的匡地，卫国人将他团团围住，但孔子仍没有停止弹琴歌唱。子路问孔子说："先生为什么还这样开心呢？"

　　孔子说："过来，让我告诉你。我忌讳道行不通达已经很长时间了，但仍旧难免潦倒，这是命运。我寻求通达也已经很久很久了，可是始终未能达到，这是时运啊。尧舜治理天下的时候，天下没有一个困顿潦倒的人，不是因为他们智慧超群；桀纣治理天下的时候，天下没有一个通达的人，不是因为他们没有才能。这些都是时势造就的。在水里活动而不躲避蛟龙的，乃是渔夫的勇敢；在陆上活动而不躲避犀牛老虎的，乃是猎人的勇敢；刀剑交错地横于眼前，看待死亡犹如生还的，乃是壮烈之士的勇敢。懂得困厄潦倒乃是命中注定，知道顺利通达乃是时运造成，面临大难而不畏惧的，这就是圣人的勇敢。子路，你休息去吧！我的命运是有定数的。"

　　不久，有佩带兵器的将官进来，抱歉地说："我们以为您是阳虎，因此包围了你；现在知道不是，我们要把围兵撤退，向您表示歉意。"

　　庄子钓于濮水^②，楚王使大夫二人往先焉，曰："愿以境内累矣！"

　　庄子持竿不顾，曰："吾闻楚有神龟，死已三千岁矣，王以巾笥^③而藏之庙堂之上。此龟者，宁其死为留骨而贵乎？宁

名师注解

① 阳虎：人名，与匡人有仇。

② 濮水：水名，在今河南范县。

③ 巾笥（sì）：装进竹箱，再用巾包起来。笥，竹箱。

其生而曳尾于涂[①]中乎？"

二大夫曰："宁生而曳尾涂中。"

庄子曰："往矣！吾将曳尾于涂中。"

参考译文

庄子在濮水边垂钓，楚王派遣两位大臣先行前往致意，说："楚王愿将国内政事委托给你而劳累你了。"

庄子手拿渔竿没有回头，就说："我听说楚国有一只神龟，死了已经三千年了。楚王把它放在竹箱里，用丝巾包着，珍藏在宗庙里。那这只乌龟是宁愿死后留下骨头让人尊重呢？还是宁愿拖着尾活在泥巴里呢？"

两个大夫说："宁愿拖着尾活在泥巴里。"

庄子说："你们请回吧！我还是愿意自己拖着尾活在泥巴里。"

惠子[②]相梁，庄子往见之。或[③]谓惠子曰："庄子来，欲代子相。"于是惠子恐，搜于国中三日三夜。

庄子往见之，曰："南方有鸟，其名为鹓鶵[④]，子知之乎？夫鹓鶵，发于南海而飞于北海，非梧桐不止，非练实不食，非醴泉[⑤]不饮。于是鸱得腐鼠，鹓鶵过之，仰而视之曰：'吓！'今子欲以子之梁国而吓我邪？"

名师注解

① 涂：泥。

② 惠子：惠施，曾为梁惠王相。

③ 或：有的人。

④ 鹓鶵：凤凰一类的鸟。

⑤ 醴泉：味道甘美如甜酒的泉水。

参考译文

　　惠子在梁国做宰相，庄子前往看望他。有人告诉惠子说："庄子来梁国了，要代替你做宰相。"惠子感到非常恐慌，在都城内搜寻庄子，整整三天三夜。

　　庄子去见他时说："南方有一种鸟，它的名字叫鹓鶵，你知道吗？鹓鶵从南海出发，飞到了北海，如果不是梧桐树它就不肯歇息，不是竹子结的果实它就不吃，不是甘甜的泉水就不饮用。一只猫头鹰得到了一只腐烂的老鼠，鹓鶵恰好经过，猫头鹰唯恐鹓鶵夺其腐鼠就仰头恐吓了它：'吓！'现在你也想用梁国来恐吓我吗？"

　　庄子与惠子游于濠梁①之上。庄子曰："鲦鱼②出游从容，是鱼之乐也。"

　　惠子曰："子非鱼，安知鱼之乐？"

　　庄子曰："子非我，安知我不知鱼之乐？"

　　惠子曰"我非子，固不知子矣；子固非鱼也，子之不知鱼之乐，全矣③。"

　　庄子曰："请循其本。子曰'汝安知鱼乐'云者，既已知吾知之而问我，我知之濠上也。"

名师注解

①　濠：水名，在今安徽凤阳北。梁：拦河堰。

②　鲦（tiáo）鱼：俗称苍条鱼，身窄小而有条纹。

③　全矣：完全如此。

参考译文

　　庄子和惠子一起在濠水的堰上游玩。庄子说："鲦鱼游得多么悠闲自在，这就是鱼的快乐啊。"

　　惠子说："你不是鱼，怎么知道鱼的快乐？"

　　庄子说："你不是我，怎么知道我不知道鱼儿的快乐？"

　　惠子说："我不是你，固然不会知道你；你本来也不是鱼，所以你不知道鱼的快乐，这是可以肯定的。"

　　庄子说："还是让我们顺着先前的话来说。你刚才所说的'你怎么知道鱼的快乐'的话，就是你已经知道我知道鱼是快乐的，然后才问我。我是在濠水的堰上知道的。"

‧‧‧‧‧‧ 延伸思考 ‧‧

　　从庄子与惠子游于濠梁的对话中，你掌握了哪些知识？说说你对这段话的理解。

至 乐

名师导读

　　至乐所探讨的就是人生的快乐问题。人活一世，什么才是最大的快乐呢？面对生死，人应怎样做呢？作者就世俗之见展开了描述，并予以否定，最后提出了"无为诚乐""至乐无乐"的结论。虽然有偏颇之嫌，但仍有一定的现实意义。

　　天下有至乐无有哉？有可以活身者无有哉？今奚为奚据？奚避奚处？奚就奚去？奚乐奚恶？

　　夫天下之所尊者，富贵寿善也；所乐者，身安厚味美服好色音声也；所下者，贫贱夭恶也；所苦者，身不得安逸，口不得厚味，形不得美服，目不得好色，耳不得音声；若不得者，则大忧以惧，其为形也，亦愚哉！

　　夫富者，苦身疾作，多积财而不得尽用，其为形也亦外矣！夫贵者，夜以继日，思虑善否，其为形也亦疏矣。人之生也，与忧俱生，寿者惛惛①，久忧不死，何苦也！其为形也亦远矣。烈士为天下见善矣，未足以活身，吾未知善之诚善邪，诚不善邪？若以为善矣，不足活身；以为不善矣，足以活人。

名师注解

① 惛惛：神智不清的样子。

故曰："忠谏不听，蹲循勿争。"故夫子胥争之以残其形，不争，名亦不成。诚有善无有哉？

今俗之所为与其所乐，吾又未知乐之果乐邪，果不乐邪？吾观夫俗之所乐，举群趣者，誙誙[1]然如将不得已，而皆曰乐者，吾未知之乐也，亦未知之不乐也。果有乐无有哉？吾以无为诚乐矣，又俗之所大苦也。故曰："至乐无乐，至誉无誉。"

参考译文

世界上有没有最大的快乐呢？有没有能够保全性命的方法呢？如果有，应该做些什么又依据什么？回避什么又安于什么？靠近什么又远离什么？喜欢什么又讨厌什么？

世界上所尊贵的，就是富裕、华贵、长寿和善名；所能够享受的，是身体的安适、美味的食物、华丽的衣服、绚丽的颜色和悦耳的声音；所厌弃的，是贫穷、卑微、短命和恶名；所痛苦烦恼的，是身体不能获得舒适安逸，口里不能获得美味佳肴，外表不能够穿上华丽的衣服，眼睛不能看到绚丽的色彩，耳朵不能听到悦耳的乐声。假如不能够得到这些，就非常忧愁和担心，这样的表现难道不是太愚蠢了吗？

富有的人苦乏自己身体，辛勤地工作，积攒了许许多多财富却不能全部享用，那样对待身体也就太不明智了。高贵的人，夜以继日地苦苦思索怎样才会保全权势和厚禄，这样对待自己的身体也就太疏于照顾了！人们生活于世间，忧愁也就跟着一道产生，长寿的人精神恍惚，长久地处于忧患之中而死不了，多么痛苦啊！这样对待身体就太疏远了！烈士被天下的人称善，但是却不能保全自己的性命，我不知道这种是真的善呢，还是真的不善。如果是善的，却不能够使自己的生命保全；如果认为不善，却能够救活别人。俗

名师注解

① 誙誙：必定的样子。

语讲："忠诚的劝谏不被接纳，那就退让一旁不再去争谏。"伍子胥因为劝谏遭受残酷的杀戮，他如果不劝谏，就不能成就名声。这样看有真正的善吗？

现在世俗上所追求和所认为快乐的，我不知道这种快乐是真的快乐，还是真不快乐呢。我看世俗所快乐的，大家都全力去追逐，拼死竞逐的样子真像是不达目的决不罢休。大家都认为这样是快乐的，我不明白这应该算是快乐，还是不快乐。有没有真的快乐呢？我认为无为清静就是真正的快乐，但这又是世俗的人所感到最痛苦和烦恼的。因此说："最大的快乐就是没有快乐，最大的荣誉就是没有荣誉。"

天下是非果未可定也。虽然，无为可以定是非。至乐活身，唯无为几存。请尝试言之。天无为以之清，地无为以之宁，故两无为相合，万物皆化。芒乎芴乎①，而无从出乎！芴乎芒乎，而无有象乎！万物职职②，皆从无为殖。故曰：天地无为也而无不为也，人也孰能得无为哉！

参考译文

天下的是非果真是未可确定的。尽管如此，无为的态度是可以确定是非的。最大的快乐能够让身心养活，而唯有无为的生活可能会得到快乐。请让我试着说一下：天因为无为而自然清虚明澈，地因为无为而浊重宁寂。所以，天地的无为相结合，就使万物变化成长。恍惚但却不知道是从哪里产生出来的！恍惚蒙昧却没有一点迹象！万物繁茂，都是从无为的状态中生长出来的。所以说：天地是无为的，又是无不为的。有谁又真正能做到无为呢！

庄子妻死，惠子吊之，庄子则方箕踞鼓盆而歌。

名师注解

① 芒乎芴乎：恍惚蒙昧。

② 职职：繁多的样子。

惠子曰："与人居，长子老身，死，不哭亦足矣，又鼓盆而歌，不亦甚① 乎！"

庄子曰："不然。是其始死也，我独何能无概② 然！察其始而本无生，非徒无生也而本无形，非徒无形也而本无气。杂乎芒芴之间，变而有气，气变而有形，形变而有生，今又变而之死，是相与为春秋冬夏四时行也。人且偃然寝于巨室，而我嗷嗷③ 然随而哭之，自以为不通乎命，故止也。"

参考译文

庄子的妻子去世了，惠子前来凭吊时，他看见庄子正坐在那儿，敲着盆子唱歌。

惠子说："你和妻子一起生活，她为你生儿育女，现在她年老身死，你不哭泣就罢了，居然还敲着盆子唱歌，不是太过分了吗？"

庄子说："不是这样的。她刚死去的时候，我怎么能够不悲伤呢！可是推究她的开始原本是没有生命的；不仅没有生命，而且也没有形体；不仅没有形体，本来也没有气息。在若有若无中，才变而有气，气息变化而有形，形体变化而有生命，现在又变成死去。生死这样的变化就好像春夏秋冬的运行一样。她安静地躺在天与地之间，而我在这悲哀的啼哭，我认为是不通达生命的，所以才停止哭泣。"

名师注解

① 甚：过分。

② 概：通"慨"，慨叹。

③ 嗷嗷：哭叫的声音。

支离叔与滑介叔①观于冥伯之丘②，昆仑之虚，黄帝之所休。俄而柳③生其左肘，其意蹶蹶然④恶之。

支离叔曰："子恶之乎？"

滑介叔曰："亡，予何恶！生者，假借也；假之而生生者，尘垢也。死生为昼夜。且吾与子观化而化及我，我又何恶焉！"

参考译文

　　支离叔和滑介叔在冥伯的山丘上和昆仑的旷野里游乐观赏，那里曾是黄帝休息的地方。不经意间，滑介叔的左胳膊上长了一个瘤子，他很吃惊而且非常讨厌这个瘤子。

　　离叔说："你讨厌这东西吗？"

　　滑介叔说："不，我怎么会讨厌它！生命是假借外在躯体而存在的；假借身体而存在的生命，就像是灰土微粒一样。人的死与生也就犹如白天与黑夜交替运行一样。况且我跟你一道观察事物的变化，如今这变化来到了我身上，我又怎么会讨厌它呢！"

名师注解

① 支离叔、滑介叔：庄子杜撰的人物。

② 冥伯之丘：虚构的山名。

③ 柳："瘤"的借字。

④ 蹶蹶然：惊动的样子。

庄子之楚，见空髑髅①，髐②然有形，撽③以马捶④，因而问之，曰："夫子贪生失理，而为此乎？将子有亡国之事，斧钺之诛，而为此乎？将子有不善之行，愧遗父母妻子之丑，而为此乎？将子有冻馁之患，而为此乎？将子之春秋故及此乎？"

于是语卒，援⑤髑髅，枕而卧。夜半，髑髅见梦曰："子之谈者似辩士。视子所言，皆生人之累也，死则无此矣。子欲闻死之说乎？"

庄子曰："然。"

髑髅曰："死，无君于上，无臣于下；亦无四时之事，从然以天地为春秋，虽南面王乐，不能过也。"

庄子不信，曰："吾使司命复生子形，为子骨肉肌肤，反子父母妻子闾里知识，子欲之乎？"

髑髅深矉蹙颜曰："吾安能弃南面王乐而复为人间之劳乎！"

名师注解

① 髑（dú）髅：死人的骨架。

② 髐：骨头干枯的样子。

③ 撽：敲击。

④ 马捶：马鞭。

⑤ 援：牵，拉。

参考译文

　　庄子在去楚国的途中，见到了一具骷髅，空枯而有形。庄子用马鞭敲了几下，然后就问："先生是贪生怕死违背了天理死的呢？还是因为国家灭亡，在战乱中被斧钺砍杀死的呢？还是有了不好的行为，担心给父母、妻儿子女留下耻辱，羞愧而死呢？还是因为遭受寒冷与饥饿而倒毙的呢？还是年岁大后的自然死亡呢？"

　　说完这些话，庄子拿起骷髅，枕在头下睡着了。到了半夜，骷髅在梦里对庄子说："你先前谈话的情况真像一个善于辩论的人。看你所说的那些话，全属于活人的拘累，人死了就没有上述的忧患了。你愿意听听人死后的有关情况和道理吗？"

　　庄子说："好。"

　　骷髅说："人一旦死了，在上没有君王，在下没有臣子，也没有四季的交替，从容舒适，和天地一样长久，国君的快乐也不能超过这种快乐。"

　　庄子怀疑地说："假如我让掌管生命的神把你的形体恢复，使你长出骨肉皮肤，重新返回到父母、妻儿、邻里和朋友那儿，你愿意吗？"

　　骷髅皱着眉头，深感不悦地说："我怎么能抛弃胜似帝王的快乐而再次经历人世的劳苦呢？"

　　颜渊东之齐，孔子有忧色，子贡下席而问曰："小子敢问，回东之齐，夫子有忧色，何邪？"

　　孔子曰："善哉汝问！昔者管子有言，丘甚善之，曰：'褚① 小者不可以怀大，绠② 短者不可以汲深。'夫若是者，以为命有所成而形有所适也，夫不可损益。吾恐回与齐侯言尧、舜、黄帝之道，而重以燧人、神农之言。彼将内求于己而

名师注解

① 褚：装衣的袋子。

② 绠：井绳。

不得，不得则惑，人惑则死。且女独不闻邪？昔者海鸟止于鲁郊，鲁侯御^①而觞^②之于庙，奏《九韶》以为乐，具太牢以为膳。鸟乃眩视忧悲，不敢食一脔^③，不敢饮一杯，三日而死。此以己养养鸟也，非以鸟养养鸟也。夫以鸟养养鸟者，宜栖之深林，游之坛陆，浮之江湖，食之鰍鲦，随行列而止，委蛇而处。彼唯人言之恶闻，奚以夫诡诡^④为乎！《咸池》《九韶》之乐，张之洞庭之野，鸟闻之而飞，兽闻之而走，鱼闻之而下入，人卒闻之，相与还而观之。鱼处水而生，人处水而死，彼必相与异，其好恶故异也。故先圣不一其能，不同其事。名止于实，义设于适，是之谓条达而福持。"

参考译文

颜渊向东到齐国去，孔子十分忧虑。子贡离开座席上前问道："学生冒昧地请问，颜渊往东去齐国，先生面带忧愁之色，这是为什么呢？"

孔子说："你的提问实在是好啊！以前管仲有句话，我认为说得很好：'小布袋不可以装大东西，井绳短不能够汲取深井里的水。'如此说来，应当认为万物的本性都是天生的，其形体也是为了适应其本性而对应形成，这是难以改变的。我担心颜回向齐侯谈论尧、舜、黄帝的道理，还会推崇燧人氏和神农氏的言论。齐侯从自己本性出发听了却发现自己不理解，不理解就会疑惑，一旦产生疑惑便会迁怒对方而杀害他。况且你没听说过吗？先前有

名师注解

① 御：通"迓"，欢迎。

② 觞：本指饮酒器具，这里做动词用，意思是以酒招待。

③ 脔（luán）：肉块。

④ 诡（náo）诡：喧闹。

一只海鸟飞到了鲁国的郊外，鲁侯把海鸟迎进太庙，并给它饮酒，演奏《九韶》让它听，宰牛杀羊让它吃。而海鸟眼乱心悲，不敢吃一块肉，不敢喝一杯酒，三天后就死了。这是因为是用养人的方式来养鸟，而不是用养鸟的方式来养鸟。用养鸟的方式养鸟，应该让它栖息到山林里，游戏于水中沙洲，浮游于江河湖泽，啄食泥鳅和小鱼，随着鸟群的队列而止息，从容自得、自由自在地生活。鸟最厌烦听到人的声音，又为什么还要演奏那么喧闹的乐声呢？在广阔的原野演奏《咸池》《九韶》，鸟儿听见了腾身高飞，野兽听见了惊惶逃遁，鱼儿听见了潜下水底，一般的人听见了，才会围着观看不休。鱼在水里能生存，人在水里就会死亡。人和鱼禀性不一样，所以好恶也不同。所以古代的圣人不追求能力的一致，不追求所做的事的相同。名称要符合实际，义理要适应自然，这就叫条理通达而福气长存。"

列子行食于道从①，见百岁髑髅，攓蓬②而指之曰："唯予与汝知而未尝死，未尝生也。若果养③乎？予果欢乎？"

参考译文

　　列子外出游玩，在路边吃东西，看到一个长达百年的骷髅，他拨去蓬草指着骷髅说："只有我和你知道不曾死、也不曾生的道理。而你真的忧虑吗？我又果真快乐吗？"

种有几，得水则为㡭，得水土之际则为蛙蟆之衣，生于陵

名师注解

① 道从：道路旁边。

② 攓（qiān）：拔取。蓬：草。

③ 养：通"痒"，心烦的样子。

屯^①则为陵舄^②，陵舄得郁栖^③则为乌足。乌足之根为蛴螬^④，其叶为胡蝶。胡蝶胥也化而为虫，生于灶下，其状若脱，其名为鸲掇^⑤。鸲掇千日为鸟，其名为乾馀骨。乾馀骨之沫为斯弥，斯弥为食醯。颐辂生乎食醯，黄轵生乎九猷，瞀芮生乎腐蠸^⑥。羊奚^⑦比乎不笋，久竹生青宁，青宁生程，程生马，马生人，人又反入于机。万物皆出于机，皆入于机。"

参考译文

　　物类千变万化源起于微细状态的"几"，有了水的滋养便会逐步相继而生，处于陆地和水面的交接处就形成青苔，生长在山陵高地就成了车前草，车前草获得粪土的滋养长成乌足，乌足的根生成蝎子，叶子变成蝴蝶。蝴蝶很快就变化成为虫，生在灶下，形状就像蜕了皮似的，它的名字叫鸲掇。鸲掇经过一千天以后变化成为鸟，它的名字叫干馀骨。干馀骨的唾沫变成斯弥，斯弥又变成食醯，颐辂就生出了食醯。黄轵从九猷中生出，瞀芮形成于萤火虫，羊奚草跟不长笋的老竹相结合，老竹又生出青宁虫，青宁又产生程。程生成马，马生出人，人又回归自然。万物都产生于自然的造化，又全都回返自然的造化。

名师注解

① 陵屯：土堆。

② 陵舄：车前草。

③ 郁栖：粪土。

④ 蛴螬：俗称地蚕、土蚕，是金龟子的幼虫。

⑤ 鸲（qú）掇：乾余骨的幼虫。

⑥ 腐蠸：萤火虫。

⑦ 羊奚：疑为竹荪，生在腐朽的竹节上。

延伸思考

　　本篇中有一则故事讲的是庄子妻子死而庄子鼓盆而歌。这则故事体现了庄子的什么主张？谈谈你自己的看法。

知北游

名师导读

　　"北游"指到北方游历。在传统的哲学思想中，北方又被称为"玄"，"玄"寓意深远，因此北方也就成了人们观念中不可知的地方。本篇认为"道"不可知，通过寓言故事鲜明地阐释了作为自然规律的"道"的普遍性。

　　知①北游于玄水②之上，登隐弅③之丘而适遭无为谓焉。知谓无为谓曰："予欲有问乎若：何思何虑则知道？何处何服则安道？何从何道则得道？"三问而无为谓不答也。非不答，不知答也。

　　知不得问，反于白水④之南，登狐阕⑤之上，而睹狂屈⑥焉。知以之言也问乎狂屈。狂屈曰："唉！予知之，将语若，中欲言而忘其所欲言。"

　　知不得问，反于帝宫，见黄帝而问焉。黄帝曰："无思

名师注解

① 知：虚构的人名。

② 玄水：虚构的水名。

③ 隐弅（fèn）：虚构的地名。

④ 白水：水名。传说源于昆仑山，饮了可以不死。

⑤ 狐阕：虚构的山名。

⑥ 狂屈：虚构的人名。

无虑始知道，无处无服始安道，无从无道始得道。"知问黄帝曰："我与若知之，彼与彼不知也，其孰是邪？"

黄帝曰："彼无为谓真是也，狂屈似之；我与汝终不近也。夫知者不言，言者不知，故圣人行不言之教。道不可致，德不可至。仁可为也，义可亏也，礼相伪也。故曰：'失道而后德，失德而后仁，失仁而后义，失义而后礼。礼者，道之华而乱之首也。'故曰：'为道者日损，损之又损之以至于无为。无为而无不为也。'今已为物也，欲复归根，不亦难乎！其易也，其唯大人乎！

"生也死之徒，死也生之始，孰知其纪^①！人之生，气之聚也；聚则为生，散则为死。若死生为徒，吾又何患！故万物一也。是其所美者为神奇，其所恶者为臭腐；臭腐复化为神奇，神奇复化为臭腐。故曰：'通^②天下一气耳。'圣人故贵一。"

知谓黄帝曰："吾问无为谓，无为谓不应我，非不我应，不知应我也；吾问狂屈，狂屈中欲告我而不我告，非不我告，中欲告而忘之也。今予问乎若，若知之，奚故不近？"

黄帝曰："彼其真是也，以其不知也；此其似之也，以其忘之也；予与若终不近也，以其知之也。"

名师注解

① 纪：纲纪。

② 通：贯通。

狂屈闻之，以黄帝为知言。

参考译文

知向北游历来到玄水岸边，登上名叫隐弅的山丘，正巧在那里遇上了无为谓。知对无为谓说："我有问题要向你请教：怎么思索、考虑才能明白道？怎样处身、怎样行事才符合于道？通过什么途径，采用什么方法才能够得道呢？"连续问了好几次无为谓都没有回答，不是不回答，而是不知道回答。

知没有从无为谓那里得到答案，便返回到白水的南边，登上狐阕的山丘，在那里见到了狂屈。知又问了狂屈同样的问题。狂屈说："唉！我知道怎样回答这些问题，我将告诉给你，可是正想说话心中却又忘记了那些想说的话。"

知一无所获，于是就回到帝宫，拜见黄帝，然后向他请教。黄帝说："没有思索、没有考虑方才能够懂得道，没有安处、没有行动方才能够符合于道，没有追求才能得到道。"知问："我和你知道这些道理，但他们不知道，那么，谁是正确的呢？"

黄帝说："那无为谓是真正正确的，狂屈接近于正确，但是我和你则始终未能接近于道。知道的人不说，说的人不知道，所以圣人教化别人不用语言。道是不可能靠言传来获得的，德是不可能靠谈话来达到的。仁是能够实行的，义是能够亏损的，礼是互相虚伪的。因此说：'失去道以后就有德行，失去德行以后就有仁，失去仁以后就有义，失去义以后就有礼。礼是道的伪饰，是祸乱的开始。'所以说：'体察道的人每天都得清除伪饰，清除而又再清除以至达到无为的境界，达到无为的境界就可以无所不为了。'如今你已对外物有所作为，想要再返回根本，不是很困难吗？假如可以容易实现，恐怕只有那些得道的人（能做到）！

"生是死的延续，死是生的开始，有谁能够知道其中的规律？人的出生，是气的聚合，气聚合形成了生命，气离散便是死亡。假如死生是同类相属的，那么对于死亡我又忧患什么呢？所以说万物是同一的，这样是把自己爱好的看成是神奇的，将自己所厌恶的看成是腐臭的；腐臭再转化为神奇，神奇再转化为腐臭。所以说：'整个天下，就是通于一气罢了。'圣人因此看重同一。"

　　知告诉黄帝说："我向无为谓请教，无为谓不回答我，不是不回答我，是不知道回答我。我向狂屈请教，狂屈内心想告诉我但是却没有告诉我，不是不告诉我，是忘记了要告诉我什么。现在我向你请教，你知道，为什么却说不接近道呢？"

　　黄帝说："无为谓他是真正了解道的，因为他什么也不知道；狂屈他是接近于道的，因为他忘记了；我和你终究不能接近于道，因为我们什么都知道。"

　　狂屈听到了这番话以后，觉得黄帝的话是智言。

　　天地有大美而不言①，四时有明法②而不议，万物有成理而不说。圣人者，原天地之美而达万物之理，是故至人无为，大圣不作，观于天地之谓也。

　　今彼神明至精，与彼百化，物已死生方圆，莫知其根也，扁然而万物自古以固存。六合③为巨，未离其内；秋毫为小，待之成体。天下莫不沉浮，终身不故；阴阳四时运行，各得其序。惛然④亡而存，油然不形而神，万物畜而不知。此之谓本根，可以观于天矣。

名师注解

① 天地有大美而不言：指天地覆载万物，生养万物而又不自居其功，具有最大美德。

② 明法：明显的规律。

③ 六合：上下四方的无限空间。

④ 惛然：昏暗幽昧的样子。

199

参考译文

　　天与地具有大美却不用言语表达，四时运行具有明显的规律却不加以评议，万物有明确的道理却不说明。圣人能探寻天地的美而通晓万物的道理。所以至人顺应自然，大圣人不妄自造作，这是说向天地取法的原因。

　　天地神妙精纯，参与宇宙万物的变化，万物业已或死、或生，或方、或圆，却没有谁知晓变化的根本，俨然自古以来就存在着。六合算是十分巨大的，却始终不能越出道的范围；秋天的毫毛算是最小的，也得仰赖于道方才能成就其细小的形体。万物没有不沉浮变化的，终身不会永久固定；阴阳之气与四时的运行，都遵循自己的顺序。大道昏暗幽昧似乎不存在，然而却存在，自然地产生没有一丝迹象却非常神妙，万物都受养育但是却不能自知。这就叫作本根，明白这个道理就可以观察自然之道了。

　　齧①缺问道乎被衣，被衣曰："若正汝形，一汝视，天和将至；摄汝知，一汝度②，神将来舍。德将为汝美，道将为汝居，汝瞳焉③如新生之犊而无求其故！"

　　言未卒，齧缺睡寐。被衣大说，行歌而去之，曰："形若槁骸，心若死灰，真其实知，不以故自持。媒媒晦晦，无心而不可与谋。彼何人哉！"

名师注解

① 齧：通"啮"。

② 度：思索。

③ 瞳焉：无知的样子。

参考译文

啮缺向被衣请教关于道的事情，被衣说："你要摆正你的形体，目光专一，自然的和气便会到来；收敛你的心智，集中你的思忖，精神就会来你这里停留。德会让你更美好，道会成为你的住所。你纯真的样子好像刚出生的小牛，不会去探求外在的事理。"

被衣的话还没有说完，啮缺已经睡着了。被衣十分高兴，唱着歌离去了，说："身形犹如枯骸，内心沉静得好像死灰，他真的领悟了大道，而且并不因为这个缘故而有所矜持。昏昏昧昧，没有心机也无法与之谋议，那将是什么样的人啊！"

舜问乎丞^①曰："道可得而有乎？"

曰："汝身非汝有也，汝何得有夫道？"

舜曰："吾身非吾有也，孰有之哉？"

曰："是天地之委^②形也；生非汝有，是天地之委和也；性命非汝有，是天地之委顺也；子孙非汝有，是天地之委蜕也。故行不知所往，处不知所持，食不知所味。天地之强阳气也，又胡可得而有邪！"

参考译文

舜向丞请教说："道可以得到并且持有吗？"

丞说："你的身体都不是你所有的，怎么能得到道而持有呢？"

名师注解

① 丞：上古时期的得道者，相传为舜的老师。

② 委：委托。

舜说："我的身体不是由我所有，那谁会拥有我的身体呢？"

丞说："这是天和地将形体托付给你；出生后身体并非你所据有，这是天地给予的和顺之气凝积而成；性命也不是你所据有，这也是天地把和顺之气凝聚于你；子孙也不是你所有的，是天地通过你来完成生命的蜕变。所以，出行时不知道要去往哪里，居处不知持守什么，饮食不知什么滋味。天地间运动的阳气，又怎么能够得到并且持有呢？"

孔子问于老聃曰："今日晏闲①，敢问至道。"

老聃曰："汝齐戒，疏瀹②而心，澡雪而精神，掊击而知！夫道，窅然③难言哉！将为汝言其崖略④：

"夫昭昭生于冥冥，有伦生于无形，精神生于道，形本生于精，而万物以形相生，故九窍者胎生，八窍者卵生。其来无迹，其往无崖，无门无房，四达之皇皇也。邀于此者，四肢彊，思虑恂达，耳目聪明，其用心不劳，其应物无方。天不得不高，地不得不广，日月不得不行，万物不得不昌，此其道与！

"且夫博之不必知，辩之不必慧，圣人以断之矣。若夫益之而不加益，损之而不加损者，圣人之所保也。渊渊乎其若海，巍巍乎其终则复始也，运量万物而不匮。则君子之道，彼其外与！万物皆往资焉而不匮，此其道与！

···

名师注解

① 晏闲：清闲，安闲。

② 疏瀹（yuè）：疏导，疏通。

③ 窅（yǎo）然：深远的样子。

④ 崖略：大概。

"中国有人焉，非阴非阳，处于天地之间，直且为人，将反于宗。自本观之，生者，喑醷物也。虽有寿夭，相去几何？须臾之说也。奚足以为尧、桀之是非！果蓏①有理，人伦虽难，所以相齿。圣人遭之而不违，过之而不守。调而应之，德也；偶而应之，道也；帝之所兴，王之所起也。

"人生天地之间，若白驹之过郤②，忽然而已。注然勃然，莫不出焉；油然漻然，莫不入焉。已化而生，又化而死，生物哀之，人类悲之。解其天弢，堕其天袭，纷乎宛乎，魂魄将往，乃身从之，乃大归乎！不形之形，形之不形，是人之所同知也，非将至之所务也，此众人之所同论也。彼至则不论，论则不至。明见无值，辩不若默。道不可闻，闻不若塞。此之谓大得。"

　　孔子对老聃说："今天安居闲暇，我冒昧地向你请教至道。"
　　老聃说："你要先斋戒，使你的内心能通导，让你的精神得到洗涤，去除你的心机智巧！大道，真是深奥神妙难以言表啊！不过我将为你说个大概：
　　"光明的东西从昏暗中产生，有形体的东西从无形的东西中产生，精神从道中产生，形体产生于精气，万物全都凭借形体而相互产生，因此有九个孔窍的动物是胎生的，具有八个孔窍的动物是卵生的。它的出生没有踪迹，它的远离也没有尽头，不知从哪儿进出、在哪儿停留，通向广阔无根的四面

名师注解

① 果蓏：瓜果的总称。

② 郤：通"隙"，缝隙。

八方。遵循这道的人，四肢强健，思虑通达，耳目灵敏，运用心思不会劳顿，顺应外物不拘定规。天不得不高，地不得不宽广，太阳和月亮不得就不运行，万物不得就不昌盛繁荣，这就是道！

"再说博读经典的人不一定懂得真正的道理，善于辩论的人不一定就格外聪明，圣人早就丢弃这些了。增加了如同没有增加，减少了如同没有减少，这是圣人要保持的。道深远如海，高大似山，周而复始循环往复，运载万物不匮乏。至于君子的道，恐怕都是些皮毛啊！万物全都从它那里获取资助，而且从不匮乏，这就是道！

"有国中之人，不偏于阴也不偏于阳，处在天地的中间，只不过姑且具备了人的形体罢了，将来都要回复本宗。从道的观点来看，所谓生命，是气聚而成的，虽然有长寿与短命，相差又有多少呢？人生只不过是顷刻之间，哪里值得去判断尧和桀的是非呢！果树和瓜类各不相同却有共同的生长规律，人伦关系复杂，还是可以按照秩序相处的。圣人遇上这些事从不违拗，调和顺应，这就是德；随机顺应，这就是道；帝王依据它而兴盛，王侯借助它而崛起。

"人生于天地之间，就像骏马穿过一个狭窄的通道，瞬间而过罢了。万物蓬勃，没有不生长的，变化衰微，没有不死亡的。变化而生，又变化而死，活着的东西人们为之哀叹，为之悲悯。可是人的死亡，也只是解脱了自然的捆束，脱离了自然的裹挟，变化转移，魂魄消散，身体随之逝去，这就是回复本原！从没有形体变成有形体的，有形体的转化为没有形体的，这是人们都了解的。这不是得道的人所追求的，是众人共同议论的。得了道的人不谈论，谈论的人是没有得道的，从明处寻不可能寻到道，辩说不如沉默。道不可能通过传言而听到，听到不如塞住耳朵不听。这就称作是真正懂得了道。"

东郭子①问于庄子曰："所谓道，恶乎在？"庄子曰："无所不在。"

东郭子曰："期而后可。"庄子曰："在蝼蚁。"

························

名师注解

① 东郭子：住在东郭的某位先生。

曰："何其下邪？"曰："在稊稗。"

曰："何其愈下邪？"曰："在瓦甓。"

曰："何其愈甚邪？"曰："在屎溺。"

东郭子不应。庄子曰："夫子之问也，固不足质。正获①之问于监市履狶也，每下愈况。汝唯莫必，无乎逃物。至道若是，大言亦然。周遍咸三者，异名同实，其指一也。

"尝相与游乎无何有之宫，同合而论，无所终穷乎！尝相与无为乎！澹而静乎！漠而清乎！调而闲乎！寥已吾志，无往焉而不知其所至；去而来不知其所止，吾已往来焉而不知其所终；彷徨乎冯闳②，大知入焉而不知其所穷。物物者与物无际，而物有际者，所谓物际者也；不际之际，际之不际者也。谓盈虚衰杀，彼为盈虚非盈虚，彼为衰杀非衰杀，彼为本末非本末，彼为积散非积散也。"

东郭子向庄子请教说："所谓的道，究竟存在于什么地方呢？"庄子说："无所不在。"

东郭子说："必定得指出具体存在的地方才行。"庄子说："在蝼蚁之中。"

名师注解

① 正获：监督市场的官员，名字叫获。

② 冯闳：空虚开阔的样子。

东郭子问："怎么在这么卑下的地方呢？"庄子说："在稻田的稗草里。"

东郭子说："怎么更卑下了呢？"庄子说："在瓦块砖头中。"

东郭子说："怎么越来越卑下了呢？"庄子说："在屎尿里。"

东郭子没有应声。庄子说："先生提的问题，本来就没触及道的本质。有个叫获的市场监管向屠夫询问辨别猪肉肥瘦的方法，那就是越往下问越容易清楚。你不要只是在某一事物里寻找道，万物没有什么东西可以逃离开它。至道是这样的，最伟大的言论也是这样的。万物、言论和大道遍及各个角落，它们名称各异而实质却是相同的。

"让我们一道游历于什么也没有的地方，用混同合一的观点来加以讨论，宇宙万物的变化是没有穷尽的啊！试着一起顺应自然无为！恬淡而又寂静！漠然而又清虚！调和而又悠闲！我的心境寂寥宽阔，不会前往何处也不知道应该去到哪里；去了以后归来也不知道要在哪里停止，我已在人世来来往往却并不了解哪里是最后的归宿；放纵我的思想遨游在虚旷的境域，有大智慧的人与大道相融却不知道它的穷尽。支配物和物没有界限，但物有分界，人们所说的事物的界限，是没有边界的边界。人们所说的盈虚衰杀，指的是道使万物盈满空虚，自己却没有盈满空虚，道使万物衰杀，自己却不会衰杀，道使万物有开始有终结，自己却没有，道使万物积聚或离散，自己却不会积聚或离散。

妸荷甘[1]与神农同学于老龙吉。神农隐几阖户昼瞑，妸荷甘日中奓户而入曰："老龙死矣！"

神农隐几拥杖而起，嚗然放杖而笑，曰："天知予僻陋慢诞[2]，故弃予而死。已矣！夫子无所发予之狂言[3]而死矣夫！"

名师注解

[1] 妸荷甘：虚构的人物。

[2] 慢诞：荒唐。

[3] 狂言：至言。

弇坬吊^①闻之，曰："夫体道者，天下之君子所系焉。今于道，秋毫之端万分未得处一焉，而犹知藏其狂言而死，又况夫体道者乎！视之无形，听之无声。于人之论者，谓之冥冥，所以论道，而非道也。"

参考译文

娵荷甘和神农一起向老龙吉求学。神农倚靠在几案上关起门来瞑想。中午时分，娵荷甘推门进来说："老龙吉死了。"

神农扶着拐杖站起来，"啪"的一声丢下拐杖而笑起来，说："先生知道我见识短浅，心志不专，所以就丢下我，死掉了。完了！先生没有留下能启发我的高论就死了啊！"

弇坬吊知道了这件事以后说："能够体悟道的人，天下的君子都依附于他。现在老龙吉对于道，连秋毫之末的万分之一也未能得到，尚且懂得深藏他的谈吐而死去，更何况是那些体悟大道的人呢！道看起来没有形状，听也没有声音，人们在议论的时候，把它称作冥冥，所以被谈论的道，不是真正的道。"

于是泰清^②问乎无穷曰："子知道乎？"无穷曰："吾不知。"又问乎无为，无为曰："吾知道。"曰："子之知道，亦有数乎？"曰："有。"曰："其数若何？"无为曰："吾知道之可以贵，可以贱，可以约，可以散，此吾所以知道之数也。"

名师注解

① 弇（yǎn）坬吊：虚拟的人物。

② 泰清：虚构的人物，下文中的无穷、无为、无始、光曜、无有都是虚构的人物。

泰清以之言也问乎无始曰："若是，则无穷之弗知与无为之知，孰是而孰非乎？"无始曰："不知深矣，知之浅矣；弗知内矣，知之外矣。"于是泰清仰中叹曰："弗知乃知乎！知乃不知乎！孰知不知之知？"无始曰："道不可闻，闻而非也；道不可见，见而非也；道不可言，言而非也。知形形之不形乎！道不当名。"

无始曰："有问道而应之者，不知道也。虽问道者，亦未闻道。道无问，问无应。无问问之，是问穷也；无应应之，是无内也。以无内待问穷，若是者，外不观乎宇宙，内不知乎大初，是以不过乎昆仑，不游乎太虚。"

光曜问乎无有曰："夫子有乎？其无有乎？"光曜不得问，而孰视其状貌，窅然①空然，终日视之而不见，听之而不闻，搏之而不得也。光曜曰："至矣！其孰能至此乎！予能有无矣，而未能无无也；及为无有矣，何从至此哉！"

参考译文

　　于是，泰清向无穷请教说："你知晓道吗？"无穷说："我不知晓。"泰清又向无为请教，无为说："我知晓。"泰清又问："你知道的道有名数吗？"无为答："有。"泰清又问："它的名数是什么呢？"无为答："我知道道可以处于尊贵，也可以处于卑贱，可以聚合，也可以离散，这就是我所知道的道的名数。"

名师注解

① 窅然：本形容深远的样子，这里引申为暗淡不明的样子。

泰清又用这些问题来问无始，说："像这样，那么无穷的不知晓和无为的知晓，谁对谁错呢？"无始说："不知晓是深奥玄妙，知晓是浮泛浅薄；不知道的是深得道之精华，知道的是仅知皮毛。"于是泰清抬起头似有所悟地向天长叹说："不知道的就是知道的，知道的反倒是不知道！谁能明白不知道就是知道呢？"无始说："道是不能听闻的，能听到就不是道了；道是不能看到的，能看到的就不是道了；道是不可以言说的，可以言说的也不是道了，懂得有形之物之所以具有形体正是因为产生于无形的道啊！因此大道是没有名数的。"

无始说："如果有人问道就随口回答的人，是不明白道的人；即使是问道的人，也不曾了解过道。道无可询问，问了也无从回答。原本无法询问却勉强去问，问的问题是空洞无物的东西；答的人无从回答却勉强回答，答案是空洞的。用空洞的答案去应答空洞的提问，这样的人，对外就不能观察宇宙，对内不能知晓自己的本原。所以无法越过那高远的昆仑，也无法遨游于清虚宁寂的太虚之境。"

光曜问无有："先生是存在的呢，还是不存在的呢？"无有没有回答。光曜得不到答案，便仔细地观察无有的形体容貌，是那么深远，那么空虚，整天看他也看不见，听也听不到，摸他也摸不着。光曜说："达到最高境界了，谁能够达到这种境界呢！我能达到'无'的境界，却不能达到'无无'的境界；等达到了'无'却不免处于'有'的境界了，怎么能够达到'无无'的境界呢？"

大马①之捶②钩者，年八十矣，而不失豪芒。大马曰："子巧与？有道与？"

曰："臣有守也。臣之年二十而好捶钩，于物无视也，非钩无察也。"是用之者，假不用者也以长得其用，而况乎无不用者乎！物孰不资焉！

名师注解

① 大马：官名，楚国的大司马。

② 捶：制造。

冉求问于仲尼曰："未有天地可知邪？"仲尼曰："可。古犹今也。"冉求失问而退。明日复见，曰："昔者吾问'未有天地可知乎？'夫子曰：'可。古犹今也。'昔日吾昭然，今日吾昧然①，敢问何谓也？"

仲尼曰："昔之昭然也，神者先受之；今之昧然也，且又为不神者求邪！无古无今，无始无终。未有子孙而有子孙，可乎？"

冉求未对。仲尼曰："已矣，末应矣！不以生生死，不以死死生。死生有待②邪？皆有所一体。有先天地生者物邪？物物者非物。物出不得先物也，犹其有物也。犹其有物也，无已。圣人之爱人也终无已者，亦乃取于是者也。"

参考译文

在大司马家中锻制钩器的工匠，年纪虽然已经八十，却一点也不会出现差误。大司马说："你是有技巧，还是有什么门道呀？"

工匠说："我有坚守的东西。我二十岁的时候就爱好锻制钩器，对别的东西却没有兴趣，它们也不会引起我的专注。"锻制钩器这是得用心专一的事，借助这一工作便不再分散自己的用心，用心锻制出的钩器可以长期使用，更何况是无为不用的东西呢！谁能不辅助他呢！

冉求向孔子请教："天地产生以前的情况可以知道吗？"孔子说："可以。古代和现在是一样的。"冉求没有得到满意的回答便退出屋来。第二天

名师注解

① 昧然：愚昧，糊涂。

② 待：相互依赖、相互依存的意思。

再次见到孔子，说："昨天我向先生请教'天地产生以前的情况可以知道吗？'先生说：'可以。古代和现在是一样的。'昨天我心里还很明白，今天却糊涂了，这是怎么回事呢？"

孔子说："昨天你心里明白，是因为心神先有所领悟；现在糊涂，是因为拘泥于形象的疑问吧！没有古就没有今，没有开始就没有终结。没有子孙前就有了子孙，可以吗？"

冉求没回答。孔子说："算了，不必回答了！不要因为活着就想让死的活过来，不要因为已死就想让活着的死去。死和生是对立的吗？其实它们是一个整体。有先于天地而产生的物类吗？产生万物的道不是具体的事物，万物的产生不能比道早，万物都是由道而产生的。天地万物产生后，才会生生不息。圣人对于人的爱始终没有终结，也就是取法于万物的生生相续。"

颜渊问乎仲尼曰："回尝闻诸夫子曰：'无有所将，无有所迎。'回敢问其游①。"仲尼曰："古之人，外化而内不化，今之人，内化而外不化。与物化者，一不化者也。安化安不化，安与之相靡，必与之莫多。狶韦氏之囿，黄帝之圃，有虞氏之宫，汤武之室。君子之人，若儒墨者师，故以是非相齑也，而况今之人乎！圣人处物不伤物。不伤物者，物亦不能伤也。唯无所伤者，为能与人相将迎。山林与，皋壤②与，使我欣欣然而乐与！乐未毕也，哀又继之。哀乐之来，吾不能御，其去弗能止。悲夫，世人直为物逆旅耳！夫知遇而不知所不遇，能能③而不能所不能。无知无能者，固人之所不免也。夫

名师注解

① 游：游心，精神活动。

② 皋壤：平原。

③ 能能：能做到自己所能够做到的事情。

务免乎人之所不免者，岂不亦悲哉！至言去言，至为去为。齐知之所知，则浅矣。"

参考译文

　　颜渊问孔子："我曾听先生说过：'不要有所送，也不要有所迎。'请问先生，一个人应该怎样居处与闲游呢？"孔子说："古时候的人，外表适应环境变化但内心世界却持守凝寂，现在的人，虽然外表没有什么变化，但内心世界已不能凝寂持守。顺外物变化而变化的人，内心凝聚不变。变化和不变化都是安然的，安然与外物相互顺应，而不有所偏移，比如，狶韦氏的苑圃，黄帝的果林，有虞氏的宫室，商汤武王的房舍。君子一样的人，比如儒家和墨家的宗师，尚且互相攻击，更何况是现在的人呢！圣人与物相处却不伤害物。不伤害物的，物也不会伤害他。只有无所损害的，才能和人来往。山林、原野，这都使我感到无限欢乐！可是欢乐还没有消逝，悲哀又接着到来了。悲哀与快乐的到来，我无法阻挡，悲哀和欢乐的离去，我也不可能制止。可悲啊！世上的人们只不过是外物临时栖息的旅舍罢了。人们知道接触过的事物却不知道没接触过的事物，能做到自己所能做到的而不能做到自己做不到的。不知道与不能够，本来就是人们所不可回避的。如果追求人无法避开的事，不是很可悲吗？最好的言论就是没有语言，最完善的作为就是没有作为。要想把每个人所知道的各种认识等同起来，就太浅陋了！"

延伸思考

试着解释一下成语"白驹过隙"和"每况愈下"。
本篇中，你最记忆深刻的片段是什么？请举例说明。

渔 父

名师导读

　　"渔父"即指捕鱼的老人，这是一个须发皆白的得道隐士形象，通过"渔父"的视角批评了孔子的"苦心劳形，以危其真"，具体地阐述了道家抱守璞真、宁静自然的主张。

　　孔子游于缁帷之林①，休坐乎杏坛②之上。弟子读书，孔子弦歌鼓琴。奏曲未半，有渔父者，下船而来，须眉交白，被发揄袂③，行原以上，距陆④而止，左手据膝，右手持颐⑤以听。曲终而招子贡、子路，二人俱对。

　　客指孔子曰："彼何为者也？"

　　子路对曰："鲁之君子也。"

　　客问其族⑥。子路对曰："族孔氏。"

　　客曰："孔氏者何治也？"

名师注解

① 缁帷：树林的名称。

② 杏坛：坛名，孔子讲学的地方。

③ 揄袂：挥动衣袖。

④ 陆：高地。

⑤ 颐：下巴。

⑥ 族：氏族，指姓。

子路未应，子贡对曰："孔氏者，性服忠信，身行仁义，饰礼乐，选人伦，上以忠于世主，下以化于齐民，将以利天下。此孔氏之所治也。"

又问曰："有土之君与？"

子贡曰："非也。"

"侯王之佐与？"

子贡曰："非也。"

客乃笑而还①，行言曰："仁则仁矣，恐不免其身；苦心劳形以危其真。呜呼，远哉其分于道也！"

子贡还，报孔子。孔子推琴而起曰："其圣人与！"乃下求之，至于泽②畔，方将杖拏而引其船，顾见孔子，还乡而立。孔子反走，再拜而进。

客曰："子将何求？"

孔子曰："曩③者先生有绪言④而去，丘不肖，未知所谓，窃待于下风⑤，幸闻咳唾之音⑥以卒相⑦丘也。"

客曰："嘻！甚矣，子之好学也！"

･･

名师注解

① 而还：转身走。

② 泽：湖。

③ 曩（nǎng）：昔。

④ 绪言：开头的话。

⑤ 下风：比喻处于下位，卑位。有时用作谦词。

⑥ 咳唾之音：言论。

⑦ 相：帮助。

孔子再拜而起曰："丘少而修学，以至于今，六十九岁矣，无所得闻至教，敢不虚心！"

客曰："同类相从，同声相应，固天之理也。吾请释吾之所有而经子之所以。子之所以者，人事也。天子诸侯大夫庶人，此四者自正，治之美也，四者离位而乱莫大焉。官治其职，人忧其事，乃无所陵①。故田荒室露，衣食不足，征赋不属，妻妾不和，长少无序，庶人之忧也；能不胜任，官事不治，行不清白，群下荒怠，功美不有，爵禄不持，大夫之忧也；廷无忠臣，国家昏乱，工技不巧，贡职不美，春秋后伦②，不顺天子，诸侯之忧也；阴阳不和，寒暑不时，以伤庶物，诸侯暴乱，擅相攘伐，以残民人，礼乐不节，财用穷匮，人伦不饬，百姓淫乱，天子有司之忧也。今子既上无君侯有司之势，而下无大臣职事之官，而擅饰礼乐，选人伦，以化齐民，不泰多事乎。

"且人有八疵，事有四患，不可不察也。非其事而事之，谓之摠③；莫之顾而进之，谓之佞；希意④道言，谓之谄；不择是非而言，谓之谀；好言人之恶，谓之谗；析交离亲，谓之贼；称誉诈伪以败恶人，谓之慝；不择善否，两容颊适，偷

名师注解

① 陵：混乱。
② 春秋后伦：朝觐没有次序。
③ 摠：包揽。
④ 希意：迎合别人，逢迎别人的心意。

·215·

拔^①其所欲，谓之险。此八疵者，外以乱人，内以伤身，君子不友，明君不臣。所谓四患者：好经大事，变更易常，以挂功名，谓之叨；专知擅事，侵人自用，谓之贪；见过不更，闻谏愈甚，谓之很；人同于己则可，不同于己，虽善不善，谓之矜。此四患也。能去八疵，无行四患，而始可教已。"

参考译文

　　孔子游观来到名叫缁帷的树林，坐在长有许多杏树的土坛上休息。弟子们读书，孔子弹琴唱歌。曲子还未奏完一半，有个捕鱼的老人下船而来，他的胡须和眉毛全都是白的，披散着头发，挥着袖子，沿着水岸朝上走，在一块高地停了下来，左手抱着膝盖，右手托起下巴听孔子弹唱。曲子终了，渔父用手召唤子贡、子路，两个人一起走了过来。

　　渔父指着孔子问："他是什么人？"

　　子路回答说："他是鲁国的君子。"

　　渔父又问孔子的姓氏，子路回答说："姓孔。"

　　渔父又问："孔氏从事什么事业呢？"

　　子路还没有回答，子贡回答说："孔氏这个人，本性守忠信，亲身实践仁义，修治礼乐规范，排定人伦关系，向上对君主忠诚，向下教化百姓，以此造福于天下。这就是孔氏所从事的事业。"

　　渔父又问："他是拥有土地的君主吗？"

　　子贡说："不是。"

　　渔父说："是王侯的辅佐大臣吗？"

　　子贡说："不是。"

　　渔父于是笑着转身离开，一边走一边说："孔氏讲仁真可说是仁了，恐怕不能免除自身的祸患，劳苦形体和内心来危害生命的本真。唉！他离道太

名师注解

① 偷拔：盗取，窃取。

遥远了。"

子贡回来，将这件事报告给了孔子。孔子推开琴站立起来说："他恐怕是位圣人吧！"于是就走下杏坛去寻找渔父，来到湖泽岸边时，渔父正拿着船桨准备撑船离去，回头看见孔子，转过身来面向他站立。孔子倒退了几步，拜了两拜才又上前。

渔父说："你找我有什么事情？"

孔子说："刚才先生的话还没有讲完就走了，我实在是不聪明，不明白您所说的是什么意思，在此拜上先生，希望有幸听到先生的教导，从而对我有所帮助。"

渔父说："嘻！你实在是太好学了！"

孔子再拜起身说："我从小就努力学习，到如今已经六十九岁了，还没有听到过真理的教诲，怎么能够不虚心请教呢！"

渔父说："同类相互汇聚，相同的声音也会互相应和，这是自然的道理。我愿意把我知道的告诉你，去帮助你分析你所从事的。你所从事的是人事。天子、诸侯、大夫和庶人，这四种人如能够尽到自己的责任，也就是社会治理的美好境界，没有比这四种人不安于自己的本位所带来的祸乱更大的了。官吏各司其职，人民安排好自己的事情，这就不会出现混乱和侵扰。所以，田地荒芜，房屋破漏，衣服和食物不充足，赋税不能按时缴纳，妻妾不能和睦，长幼没有次序，这是普通百姓所忧虑的事情；能力不能胜任，官事不能够处理好，行为不清白，下属懒散怠慢，功业和美名全不具备，爵位和俸禄不能保持，这是大夫忧虑的事情；朝廷上没有忠臣，国家混乱，工艺技术不精巧，进献的贡品不完美，春秋朝觐被排在后列，不能顺从天子的心意，这是诸侯忧虑的事情；阴阳不调和，寒暑变化不合时令，以致伤害万物的生长，诸侯暴乱，随意侵扰征战，残害黎民百姓，礼乐不合节度，财政匮乏，人伦不整，百姓淫乱，这是天子的忧虑。现在你既然在上没有君侯管理朝政的权势，在下没有大臣职务的官职，而擅自修整礼乐，序列人伦，教化百姓，不是太多事了吗？

"而且人有八种毛病，事有四种灾患，不可以不清醒明察。不是自己职分以内的事情却去做的，叫揽事；没人理会也说个没完，叫巧佞；逢迎别人的心意说话的，叫谄媚；不辨是非巴结奉承的，叫阿谀；喜欢背地说人坏话，叫谗害；离间故交挑拨亲友，叫贼；欺诈称誉诋毁别人的，叫奸邪；不分善恶两面讨好，在暗中攫取自己想要的东西的，叫阴险。有这八种毛病的人，外能迷乱他人，内能伤害自身，因而有道德修养的人不和他们交往，圣明的君主不让他做臣子。所谓的四种灾患是指：好经营大事，随意变更常规常态，目的是求取功名的，叫好大喜功；自作聪明，独断专行，侵害他人且刚愎自用的，叫贪婪；知过不改，听到劝说却越错越多，叫固执；别人的意见如果和自己相同就认可，如果不同，即使是好的意见也认为是不好的，这叫自大。这就是四种祸患。能够去除那八种毛病，不做这四种灾患的事情，才可以受教育。"

孔子愀然①而叹，再拜而起曰："丘再逐于鲁，削迹于卫，伐树于宋，围于陈蔡。丘不知所失，而离②此四谤者何也？"

客凄然变容曰："甚矣，子之难悟也！人有畏影恶迹而去之走者，举足愈数③而迹愈多，走愈疾而影不离身，自以为尚迟，疾走不休，绝力而死。不知处阴以休影，处静以息迹，愚亦甚矣！子审仁义之间，察同异之际，观动静之变，适受与之度，理好恶之情，和喜怒之节，而几于不免矣。谨修而身，慎守其真，还以物与人④，则无所累矣。今不修之身而求之人，不亦外乎！"

孔子愀然曰："请问何谓真？"

客曰："真者，精诚之至也。不精不诚，不能动人。故强哭者虽悲不哀，强怒者虽严不威，强亲者虽笑不和。真悲无声

名师注解

① 愀（qiǎo）然：面色呈现悲伤的样子。
② 离：通"罹"，遭受。
③ 数：迅速，快速。
④ 还以物与人：使物和人回归自然。

而哀，真怒未发而威，真亲未笑而和。真在内者，神动于外，是所以贵真也。其用于人理也，事亲则慈孝，事君则忠贞，饮酒则欢乐，处丧则悲哀。忠贞以功为主，饮酒以乐为主，处丧以哀为主，事亲以适为主。功成之美，无一其迹矣。事亲以适，不论所以矣；饮酒以乐，不选其具矣；处丧以哀，无问其礼矣。礼者，世俗之所为也；真者，所以受于天也，自然不可易也。故圣人法天①贵真，不拘于俗。愚者反此，不能法天而恤于人，不知贵真，禄禄②而受变于俗，故不足。惜哉，子之蚤③湛④于人伪而晚闻大道也。"

孔子又再拜而起曰："今者丘得遇也，若天幸然。先生不羞而比之服役，而身教之。敢问舍所在，请因受业而卒学大道。"

客曰："吾闻之，可与往者与之，至于妙道；不可与往者，不知其道，慎勿与之，身乃无咎。子勉之! 吾去子矣，吾去子矣!"乃刺船⑤而去，延缘苇间。

颜渊还车，子路授绥⑥，孔子不顾，待水波定，不闻拏音⑦

① 法天：效法自然。

② 禄禄：庸碌无为的意思。

③ 蚤：早。

④ 湛：沉。

⑤ 刺船：撑船。

⑥ 绥：缰绳。

⑦ 拏音：划桨的声音。

而后敢乘。

子路旁车而问曰："由得为役久矣，未尝见夫子遇人如此其威①也。万乘之主，千乘之君，见夫子未尝不分庭伉礼，夫子犹有倨傲之容。今渔父杖挐逆立②，而夫子曲要③磬折，言拜而应，得无太甚乎？门人皆怪夫子矣，渔父何以得此乎？"

孔子伏轼而叹曰："甚矣，由之难化也！湛于礼义有间矣，而朴鄙之心至今未去。进，吾语汝！夫遇长不敬，失礼也；见贤不尊，不仁也。彼非至人，不能下人，下人不精，不得其真，故长伤身。惜哉！不仁之于人也，祸莫大焉，而由独擅之。且道者，万物之所由也，庶物④失之者死，得之者生，为事逆之则败，顺之则成。故道之所在，圣人尊之。今渔父之于道，可谓有矣，吾敢不敬乎！"

参考译文

孔子凄凉悲伤地长声叹息，拜了两次后起身说："我在鲁国两次受到冷遇，在卫国被铲削掉所有的足迹，在宋国遭受砍伐（曾坐于其下的）大树的羞辱，又被久久围困在陈国、蔡国之间。我不知道我有什么过失，遭到这样四次诋毁的原因究竟是什么呢？"

渔父改变面色凄然地说："你实在是难于醒悟啊！有人害怕自己的影子，

名师注解

① 威：肃敬。

② 逆立：对面站立。

③ 要：腰。

④ 庶物：即各种生物。

厌恶自己的足迹，想要避离而逃跑开去，走路越频繁足迹越多，跑得越快影子越不离身，以为还跑得慢了，于是就快跑不停，最后筋疲力尽而死。不懂得停留在阴暗处就会使影子自然消失，停留在静止状态就不会有足迹，这实在是太愚蠢了！你仔细推究仁义的道理，察辨同和异的分际，观察静止和运动的变化，调适接受与给予的尺度，疏通好恶的情感，调和喜怒的程度，却几乎不能免于灾祸。认真修养你的身心，保持自己的本性，使人与物回归自然，那么也就没有什么拘系和累赘了。现在你不修养自身而去要求别人，不是南辕北辙了吗？"

孔子悲伤地说："请问什么叫真？"

渔父回答道："所谓真是精诚的极致。不精不诚，不能感动人。所以，勉强啼哭的人，虽然外表悲痛但并不哀伤；强装发怒的人，虽然外表严厉但并不威严；强迫自己与他人亲善的人，虽然笑容满面但并不和善。真正的悲痛虽然没有啼哭的声音却是哀伤的，真正的怒气虽然没有发作却是威严的，真正的亲善即使不笑也非常和善。自然的真性存在于内心，精神的表露流于外在，这就是看重本'真'的原因。将上述道理用于人伦关系，侍奉双亲就会慈善孝顺，侍奉君王就会忠贞不渝，饮酒就会欢乐开怀，居丧就会悲哀。忠贞以功业为主，饮酒以快乐为主，居丧以悲哀为主，奉养双亲以安适为主。功业的完美，不局限于一种特定的途径。侍奉双亲的目的在于达到适意，因而不必考虑使用什么方法；饮酒的目的在于达到欢乐，不会在意去选择就餐的器具；居丧的目的在于致以哀伤，不必过问规范礼仪。礼仪，是世俗人的行为；纯真，却是禀受于自然，出自自然因而也就不可改变。愚蠢的人正好相反，不能够向自然取法而体恤人，不知道本真的可贵，庸碌而随世俗随波逐流，所以不知足。可惜呀！你沉溺在人事的虚伪中太早，又是很晚才接触大道的。"

孔子拜了两次后起身说："如今我孔丘有幸能遇上先生，好像苍天特别宠幸于我。先生不以我为羞还把我当作弟子，并亲自教导。请问先生的住处在哪里，请让我继续学习道。"

渔父说："我听说，可以悟道的人就可以传之以道，直至领悟玄妙的大道；不能悟道的人，不会真正懂得大道，谨慎小心地不要向他们传道，自身也就不会招来祸殃。你自己勉励吧。我得离开你了！我得离开你了！"于是撑船离开孔子，缓缓地顺着芦苇丛中的水道划船而去。

颜渊掉转车头，子路递过上车的拉绳，孔子看定渔父离去的方向头也不回，直到水波平定，听不见桨声方才登上车子。

子路站在车旁问孔子说："我为先生服务已经很久了，不曾看见先生对人如此谦恭尊敬。大国的诸侯，小国的国君，见到先生没有不平等对待的，先生仍然会有高傲的神态。现在渔父手拿船篙站在对面，先生却像石磬一样弯腰鞠躬，听了渔父的话总是先行礼再回答，恐怕太过分了吧？弟子们都认为先生的态度不同于往常，一个捕鱼的人怎么能够获得如此尊重呢？"

孔子扶着车轼叹气说："子由你实在是难于教化啊！你沉湎于礼义已经有些时日了，可是粗野的性子时至今日也未能除去。过来，我告诉你！遇到长辈不恭敬，这是失礼；见到贤明的人不尊重，这是不仁。他如果不是一个道德修养臻于完善的人，也就不能使人自感谦卑低下，对人卑下而不至精至诚，就不能得到道，还会经常伤害身体。真是可惜啊！对于人来说，没有比不仁的祸患更大的了，而你子路偏偏就是这样。况且大道乃是万物产生的根源。各种物类失去它就会死亡，获得了道就能生存；处事悖逆它就会失败，顺从它就会成功。所以大道之所在，圣人就尊崇。如今渔父对于大道，可以说是已有体悟，我怎么能不尊敬他呢？"

延伸思考

孔子为什么对渔父如此恭敬？

列御寇

名师导读

　　本篇目由多则小故事连缀而成，表达了庄子学说中的忘我思想，指出人不应炫耀，不应热衷于功名，不应投机，不应贪图回报。这在今天仍具有一定的教育意义。

　　列御寇①之齐，中道而反，遇伯昏瞀人②。伯昏瞀人曰："奚方而反？"曰："吾惊焉。"曰："恶乎惊？"曰："吾尝食于十浆，而五浆先馈。"

　　伯昏瞀人曰："若是，则汝何为惊已？"曰："夫内诚不解，形谍③成光，以外镇人心，使人轻乎贵老，而虀其所患。夫浆人特为食羹之货，多馀之赢④，其为利也薄，其为权也轻，而犹若是，而况于万乘之主乎！身劳于国而知尽于事，彼将任我以事而效我以功，吾是以惊。"

名师注解

① 列御寇：即列子。

② 伯昏瞀（mào）人：人名，指楚隐士。

③ 形谍：在外表上流露出来。意即显示自己。谍，义同"渫"，即泄。

④ 赢：赢得的利润。

伯昏瞀人曰："善哉观乎！女处已，人将保^①女矣！"

无几何而往，则户外之屦满矣。伯昏瞀人北面而立，敦^②杖蹙之乎颐，立有间，不言而出。宾者^③以告列子，列子提屦，跣^④而走，暨乎门，曰："先生既来，曾不发药^⑤乎？"

曰："已矣，吾固告女曰'人将保女'，果保女矣。非汝能使人保女，而汝不能使人无保女也，而焉用之感豫出异也！必且有感^⑥摇而本才，又无谓也。与汝游者又莫女告也，彼所小言，尽人毒也。莫觉莫悟，何相孰^⑦也！巧者劳而知者忧，无能者无所求，饱食而敖游^⑧，沉若不系之舟，虚而敖游者也。"

名师注解

① 保：归顺。

② 敦：竖。

③ 宾者：接待客人的人。

④ 跣：赤脚。

⑤ 发药：治病救人，延伸为指教。

⑥ 感：通"撼"，震撼。

⑦ 孰：通"熟"，详审。

⑧ 敖游：遨游。

列御寇去齐国，走到半路又返回来了，遇到伯昏瞀人。伯昏瞀人说："为什么又回来了？"列御寇说："我感觉吃惊。"伯昏瞀人说："为什么吃惊呢？"列御寇说："我曾去十家卖浆的店里饮浆，其中有五家店是送给我的。"

伯昏瞀人说："原来是这样呀，你为什么惊慌呢？"列御寇说："内心的情感不内敛，形容举动就会表现出来，用这样的外形来镇服人心，使人对我的尊重超过对显贵和年老人的尊重，就会招来灾患。卖浆的人不过是做些饮食的买卖，并没有多余的赢利，所得的利润也非常少，权势也非常轻微，尚且这个样子来对待我，更何况是万乘的君主呢！身体操劳于国事，而才能和智慧可以耗尽于政事，他们一定会让我担任职事从而要求我有所建树，我因此感到惊慌。"

伯昏瞀人说："你观察得真准！你如此对待自己，人们将会来归附于你。"

没过多久，伯昏瞀人去看列御寇，其门外堆满了来访者脱下的鞋，伯昏瞀人面向北站着，把拐杖竖起来支着下巴。站了一会儿，没说话就走了。接待宾客的人告诉了列御寇，列御寇提着鞋，光脚跑出来。到了门口，说："先生既然来了，还不指教我吗？"

伯昏瞀人说："算了，我曾经告诉过你：人们将来归附你，果然来归附你了。不是你能使人归附你，而是你不能使人不归附你，你为什么要这样招人的欢心、表现出与众不同呢？一定要讨人的欢心就动摇了你的本性，这是无谓的事。和你一起的人没有告诉你，他们的闲言小语，都是妻害人的。对这些如果没有觉悟，怎么能做到深思熟虑呢！智巧的人劳苦忧虑，没有智巧的人无所求，吃饱了肚子就自由自在地遨游，像是没有牵系的小舟，内心虚静而纵情遨游。"

郑人缓^①也，呻吟^②裘氏之地。祗三年而缓为儒，河润九

名师注解

① 缓：郑人名。

② 呻吟：吟诵。呻，即诵。

名师
点评

儒墨思想无法并
立，因而"相与
辩"。父亲溺爱而
助少子。所以，缓
怨而自杀。此处十
年与三年相对应。

读书笔记

里，泽及三族。使其弟墨，儒墨相与辩，其父助翟。十

年而缓自杀。其父梦之曰："使而子为墨者予也。阖胡

尝视其良^①，既为秋柏之实矣？"

夫造物者之报^②人也，不报其人而报其人之天。彼

故使彼。夫人以己为有以异于人以贱其亲^③，齐人之井

饮者相捽^④也。故曰今之世皆缓也。自是，有德者以不

知也，而况有道者乎！古者谓之遁^⑤天之刑。

圣人安其所安，不安其所不安；众人安其所不安，

不安其所安。

庄子曰："知道易，勿言难。知而不言，所以之天

也；知而言之，所以之人也；古之至人，天而不人。"

参考译文

郑国有个叫缓的人在裘氏这个地方吟咏诵读。只用了三年的时
间就成了名儒。像河水滋润沿岸的土地一样润泽着广远的地方，他
的恩惠施及三族。缓让他弟弟学习墨学，兄弟俩以儒墨的主张互相
争论，他的父亲则站在墨家的一边。十年以后缓自杀了。他的父亲
梦见缓说："让你的儿子成为墨家学者的人是我。怎么不看看我的

名师注解

① 良：坟墓。

② 报：回报，这里指赋予。

③ 亲：亲人，即缓的父亲。

④ 捽：互相扯着头发殴打。

⑤ 遁：违。

成就，就像秋柏已经结果实了！"

造物主所赋予人的，不是人的才智和能力，而是人的自然本性。他有什么样的天性就会发展成什么样的人。缓总认为自己有什么与众不同的地方，才这样轻侮他的父亲，就跟齐人自以为挖井有功而与饮水的人抓扯扭打一样。看来如今社会上的人差不多都是像缓这样贪天之功以为己有的人。自以为有德行的人却并不知道什么是德，更何况是自以为有道的人啊！古代的人认为这样是和自然相违背的，该受天刑。

圣人安于自然，不安于人为；普通人则习惯于人为的摆布，不安于自然。

庄子说："知道是容易的，不说出却是困难的。知道却不说，这是能够符合自然的。知道而去说，是合于人为的。古代的至人，能够合于自然而不追求人为。"

朱泙漫①学屠龙于支离益②，单③千金之家④，三年技成而无所用其巧。

圣人以必不必，故无兵⑤；众人以不必必之，故多兵；顺于兵，故行有求。兵，恃之则亡。

小夫之知，不离苞苴竿牍⑥，敝⑦精神乎蹇浅⑧，而欲兼济道物，太一形虚。若是者，迷惑于宇宙，形累不知太初。彼至人者，归精神乎无始，而甘冥^①乎无何有之乡。水流^②乎无形，发泄乎太清。悲哉乎！汝为知在毫毛，而不知大宁！

参考译文

　　朱泙漫向支离益学习屠龙的技术，耗尽了千金的家产，三年后学成技术却没有什么机会可以施展。

　　圣人将必然的事情当成不必然，所以总是没有纷争；普通人却把非必然的东西看作必然，因而总是争论不休。顺从这些纷争，因此有贪求的行为。纷争，依恃它就会灭亡。

　　普通人的智慧，离不开交往应酬，在浅薄的事情上耗费精神，还想要兼济众生导引万物，以为这就可以达到混沌初开、物我相融的境界。像这样的人，早已被浩瀚的宇宙所迷惑，身形疲散劳累而不了解混沌初始的真谛。那些道德修养极高的人，让精神回归到鸿蒙初开的原始状态，甘愿休眠在没有任何有形事物的世界。像水一样流于无形，自然而然地流淌在清虚空寂的境域。可悲啊！你的心智就用在毫毛一样的小事情上，不能领悟那种极端宁静的境界。

　　宋人有曹商^③者，为宋王^④使秦。其往也，得车数乘；王说之，益车百乘。反于宋，见庄子曰：“夫处穷闾阨巷^⑤，困窘

名师注解

① 冥：通“瞑”，睡眠。
② “水流”二句：意即水流并没有固定的轨迹，纯粹出于自然。无形，没有固定形迹，意即只是随地势而流。
③ 曹商：人名，姓曹，名商。
④ 宋王：指宋偃王。
⑤ 穷闾阨巷：偏僻狭窄的小巷。

织屦，槁项黄馘^①者，商之所短也；一悟万乘之主而从车百乘者，商之所长也。"

庄子曰："秦王有病召医，破痈^②溃痤者得车一乘，舐痔者得车五乘，所治愈^③下，得车愈多。子岂治其痔邪，何得车之多也？子行矣！"

这里体现了作者讽喻的功力，三言两语便揭露了曹商的虚伪和功利。

　　宋国有个叫曹商的人，为宋王出使秦国。他前往秦国的时候，得到宋王赠与的数辆车子。秦王喜欢他，又加赐车辆一百乘。返回宋国后，曹商见到庄子，说："居处在偏僻狭窄的陋巷里，贫穷困乏到靠编织草鞋度日，脖颈干瘪面黄肌瘦，这些方面是我不如别人的；一旦开悟了万乘的君主而能得到达到百乘之多的车马，这是我的过人之处。"

　　庄子说："听说秦王得病而召请医生，能够使妻疮溃破流脓的人，可以获得车子一辆，舐痔疮的人可以获得车子五辆，所医治的越卑下，可以获得的车子越多。你难道是为他医治了痔疮吗？怎么获得了这么多的车呢？你走开吧！"

鲁哀公问乎颜阖^④曰："吾以仲尼为贞干^⑤，国其有瘳^⑥乎？"

名师注解

① 黄馘（guó）：面黄肌瘦的样子。

② 痈：流脓的毒疮。

③ 愈：卑下。

④ 颜阖：鲁国的贤人。

⑤ 贞干：原指筑墙用的木条，这里借用来指国家重臣。贞，通"桢"。

⑥ 瘳：伤病痊愈，这里指竭力治国。

曰："殆哉圾①乎！仲尼方且饰羽而画②，从事华辞，以支为旨③，忍性④以视民而不知不信，受乎心，宰乎神，夫何足以上民⑤！彼宜女与？予颐⑥与？误而可矣。今使民离实学伪，非所以视民也，为后世虑，不若休之。难治也。"

参考译文

鲁哀公向颜阖问道："我想把仲尼任命为大臣，国家有希望了吧？"

颜阖说："危险啊！孔子一心追求文饰，从事虚华的文辞。把枝节当作主旨，隐忍矫饰自己的性情以对待民众，不明智也不现实。让这样的做法承受于内心，并主宰着精神，怎么能够管理好人民！他果真适合你吗？还是他能够养育人民呢？用他就一定要耽误人了。现今让人民背离真性情学习伪诈，这不是用来导引民众的办法，为后世子孙着想，不如早早放弃上述打算。孔丘是难以治理好国家的。"

施于人而不忘⑦，非天布⑧也。商贾⑨不齿⑩，虽以事齿之，

名师注解

① 圾：通"岌"，危险。

② 饰羽而画：羽毛本已有文彩，又用画来装饰，借指孔子追求文饰装扮。

③ 旨：主旨。

④ 忍性：压抑自己的天性。

⑤ 上民：为民之上，即统治人民。

⑥ 颐：养。

⑦ 施：施恩。不忘：指总是以恩人自居。

⑧ 天布：出于自然的布施。布，施与。

⑨ 商贾：商人。

⑩ 不齿：不愿与之相提并论。

神者弗①齿。为外刑②者，金与木也；为内刑者，动③与过也。宵④人之离⑤外刑者，金木讯之；离内刑者，阴阳食之。夫免乎外内之刑者，唯真人能之。

参考译文

　　施与别人的恩惠却总忘不了，这不能算是自然的施与，施恩图报的行为商人都瞧不起，虽然偶尔会因为一些事情被谈论到，神人却是不齿的。施加皮肉之刑的工具，是金属或木质做的；给内心世界带来惩罚的工具则是躁动和懊恼。小人受体外刑罚，用金或木的刑具来对其拷问；小人受内心刑罚，则是阴阳之气郁积所造成的侵害。能够免除体外和内心刑罚的，只有真人才能够做到。

孔子曰："凡人心险⑥于山川，难于知天；天犹有春秋冬夏旦暮之期，人者厚貌深情。故有貌愿而益⑦，有长若不肖，有顺懁⑧而达，有坚而缦⑨，有缓而钎。故其就义若渴者，其去义若热。故君子远使之而观其

名师点评

借孔子之口表达了对当时复杂的人际关系的痛心。

名师注解

① 弗：不。

② 外刑：施在体外的刑罚。

③ 动：内心的躁动。

④ 宵：通"小"。

⑤ 离：通"罹"，遭受。

⑥ 险：险恶。

⑦ 益：通"溢"，满溢。

⑧ 顺懁：顺从。

⑨ 缦："慢"的借字，散漫。

忠，近使之而观其敬①，烦使之而观其能，卒然问焉而观其知②，急与之期而观其信，委之以财而观其仁，告之以危而观其节，醉之以酒而观其则，杂之以处而观其色③。九征至，不肖人得矣。"

孔子说："人心比山川还要险恶，比预测天象还要困难；自然界尚有春夏秋冬和早晚变化的一定周期，可是人却面容复杂多变、情感深深潜藏。有的人貌似谨慎却内心骄溢，有的人看起来好像尊长但是却心术不正，有的人外表拘谨却内心刚直，有的人外表坚强却内心散漫，有的人外表舒缓却内心烦躁。他们寻求道义好像饥渴难耐，而他们抛弃道义好像逃离炎热。所以，君子总是让人到远处而后观察他们是否忠诚，让人到近处而后观察他们是否恭敬，让人处理纷乱事务而后观察他们是否有能力，突然向他们提问而后观察他们是否有心智，给他紧急期限的任务而后观察他是否守信，把钱财交给他保管而后观察他是否廉洁，告诉他危难的事情而后观察他是否持守节操，用酒灌醉他而后观察他的仪态，用男女杂处的办法而后观察他们对待女色的态度。上述九种考验一一施行后，不好的人自然会被挑拣出来。"

正考父④一命而伛⑤，再命而偻，三命而俯，循墙

名师注解

① 敬：恭敬谨慎。

② 卒：通"猝"，突然。知：通"智"。

③ 杂之：指男女杂居。色：指是否好色。

④ 正考父：人名，宋国上卿，孔子的八世祖。

⑤ 命：任命。伛：弯腰。

而走，孰敢不轨^①！如而夫^②者，一命而吕钜^③，再命而于车上
儛^④，三命而名诸父，孰协唐许！

贼莫大乎德有心而心有睫^⑤，及其有睫也而内视，内视而
败矣。凶德^⑥有五，中德为首。何谓中德？中德也者，有以自
好^⑦也而吡^⑧其所不为者也。

穷有八极，达有三必，形有六府。美、髯、长、大、壮、丽、勇、
敢，八者俱过人也，因以是穷。缘循^⑨，偃佒^⑩，困畏不若人，
三者俱通达。知慧外通，勇动多怨，仁义多责。达生之情者
傀^⑪，达于知者肖^⑫，达大命者随，达小命者遭。

 参考译文

　　正考父第一次被任命为士，达人就躬着背，第二次被任命为大夫便深深
地弯着腰，第三次被任命为卿更是谦恭地俯下身子，总是让开大道、顺着墙

名师注解

① 轨：效法。

② 而夫：你们这种人。指凡夫俗子。

③ 吕钜：意思是腰板挺直，一副骄矜的模样。

④ 儛：舞。

⑤ 心有睫：即心眼有所遮蔽。

⑥ 凶德：指心、耳、眼、舌、鼻。

⑦ 自好：自以为是。

⑧ 吡（pǐ）：訾，诋毁。

⑨ 缘循：因循，顺应自然。

⑩ 偃佒：俯仰从人，卑顺的样子。佒，通"仰"。

⑪ 傀：伟大。

⑫ 肖：渺小。

根快步急走，态度如此谦恭，有谁敢不效法呢？假如是凡夫俗子，首次任命为士就会傲慢矜持，第二次被任命为大夫坐在车上都会手舞足蹈，第三次被任命为卿就要直呼其叔伯之名了，谁能做到唐尧和许由那样的谦虚呢！

最大的祸患莫过于存心修养德行但遮掩心眼，等到有了心眼，内心就会思谋多虑，而主观臆断必定会导致失败。招惹凶祸的器官有五种，即心、耳、眼、舌、鼻。中德处在首位，什么叫中德呢？所谓的中德就是指自以为是地诋毁自己所不赞同的东西。

困厄窘迫源于以下八个方面的自恃与矜持，顺利通达源于以下三种情况的必然发展，就像身形必具六个脏腑一样。貌美、须长、身长、高大、健壮、华丽、勇猛、果敢，这八个方面都超过别人的，就会因此而穷困。因循顺应、俯仰随人、怯懦谦卑，具备这三方面特点的人都能遇事通达。自恃聪明炫耀于外，勇猛躁动必多怨恨，行仁义招来责备。通晓生命实情的人心胸开阔，通于智巧的人心胸就狭窄，通达大命的人就随顺自然，通于小命的人就随遇而安。

人有见宋王者，锡①车十乘，以其十乘骄稚②庄子。

庄子曰："河上有家贫恃③纬萧而食者，其子没于渊，得千金之珠。其父谓其子曰：'取石来锻④之！夫千金之珠，必在九重之渊而骊龙⑤颔⑥下，子能得珠者，必遭其睡也。使骊龙而寤，子尚奚微之有哉！'今宋国之深，非直九重之渊也；宋王之猛，非直骊龙也；子能得车者，必遭其睡也。使宋王而

名师注解

① 锡：通"赐"，赏赐。

② 骄稚：骄傲。

③ 恃纬萧而食者：靠编织芦苇制品维持生活的。纬，织。萧，芦苇。

④ 锻：锤打。

⑤ 骊龙：黑龙。

⑥ 颔：下巴。

寤①，子为鳖粉②夫！"

参考译文

　　有个拜见宋王的人，得到了十辆车子的赏赐，他用自己得到的十两车子向庄子炫耀。

　　庄子说："河边有一户贫穷人家，依靠编织苇席而生，他的儿子潜入深渊里，得到了一颗价值千金的宝珠。父亲告诉儿子说：'拿石头过来砸碎它！价值千金的宝珠，一定是藏在九重深渊里黑龙的下巴下面。你能得到这颗宝珠，一定是黑龙睡着了。假如黑龙醒着，你一定会被吞吃而无所遗留的！'现在宋国的危机之深，不止于九重的深渊；宋王的凶猛，不止于黑龙；你能得到这十辆车子，一定是在宋王睡着了的时候。如果宋王醒过来，你就一定会粉身碎骨！"

　　或③聘于庄子。庄子应其使曰："子见夫牺牛④乎？衣⑤以文绣，食⑥以刍叔⑦，及其牵而入于大庙⑧，虽欲为孤犊⑨，其可得乎！"

名师注解

① 寤：醒来。

② 鳖粉：粉碎。

③ 或：有的人。

④ 牺牛：祭祀用的牛。

⑤ 衣：用作动词，指给牺牛穿衣。

⑥ 食：喂养。

⑦ 刍叔：草料与大豆。

⑧ 大庙：帝王的祖庙。

⑨ 孤犊：没有人豢养的小牛。

参考译文

　　有人来聘请庄子，庄子答复使者说："你见过那准备用作祭祀的牛牲吗？让它披上绣有花纹的锦饰，用草料和大豆来喂养它，等到被牵着进入太庙的那一天，即使它自己想要做一只孤独的没人豢养的小牛，能够实现吗？"

名师点评

这一段内容从表面上看是反对厚葬，其实是极力宣扬庄子超脱生死而顺应自然的旷达思想。

读书笔记

　　庄子将死①，弟子欲厚葬之。庄子曰："吾以天地为棺椁②，以日月为连璧，星辰为珠玑，万物为赍送③。吾葬具岂不备邪？何以加此！"

　　弟子曰："吾恐乌鸢④之食夫子也。"

　　庄子曰："在上为乌鸢食，在下为蝼蚁食，夺彼与此⑤，何其偏也！

　　以不平平，其平也不平；以不征⑥征，其征也不征。明者唯为之使，神者征之。夫明之不胜神也久矣，而愚者恃其所见入于人，其功外也不亦悲乎！

名师注解

① 将死：将要死去。

② 棺椁：棺材。

③ 赍送：赠送，此处指陪葬。

④ 乌：乌鸦。鸢：老鹰。

⑤ 彼：指乌鸢。此：指蝼蚁。

⑥ 征：应验，可信。

参考译文

庄子快要不行了，弟子们打算厚葬他。庄子说："我将天地当作棺材，把日月当作连璧，用星星作为珠玑，用万物作为陪葬。我的葬礼难道还不完备吗？还有什么比这更好的呢？"

弟子说："我们担忧乌鸦、老鹰啄食先生。"

庄子说："弃尸地面将会被乌鸦和老鹰吃掉，埋在地下会让蝼蛄和蚂蚁吃掉，从乌鸦和老鹰的嘴里夺过来给蝼蛄和蚂蚁，怎么能如此偏心呢？"

用不公平的办法去追求公平，这样的公平绝对不是真正的公平；用不应验的东西去验证外物，即使应验了也不能被信服。自以为明智的人只会被外物所驱使，精神世界完全超脱于物外的人才会顺应自然。自以为明智的人早就比不上精神世界完全超脱的人了，但愚蠢的人还在依仗自己一孔之见来对待别人，他的功夫都用偏了，不也是很可悲嘛！

延伸思考

有人"聘于庄子"，庄子为何不去？

知识拓展

"探骊得珠"语出《庄子·列御寇》。骊是古代传说中的一种黑色的龙。探骊得珠就是在骊龙的颔下取得宝珠的意思，用来特指冒着极大的风险得到了丰厚的报偿。后来常常用来比喻作文能得命题的精蕴。

历史上流传着一件刘禹锡"探骊得珠"的轶事。唐代中期，元稹、刘禹锡、韦楚客等在白居易家中相聚，约定各赋《金陵怀古》一首。刘禹锡先完成，已得命题精髓。于是其余几人只能作罢。白居易笑言："四人探骊，子先获珠，所余鳞角何用？"刘禹锡的诗为：王濬楼船下益州，金陵王气黯然收。千寻铁锁沉江底，一片降幡出石头。人世几回伤往事，山形依旧枕寒流。从今四海为家日，故垒萧萧芦荻秋。

名家心得

庄生齐物同归一，我道同中有不同。遂性逍遥虽一致，鸾凰终校胜蛇虫。

——白居易

其学无所不窥，其文辞汪洋凌厉，若乘日月，骑风云，下上星辰而莫测其所之。

——宋濂

庄周轻生死，旷达古无比。

——徐渭

其文则汪洋辟阖，仪态万方，晚周诸子之作，莫能先也。

——鲁迅

读者感悟

我眼中的庄子

北京 赵文方

　　庄子是一个浪漫到骨子里的人，早在两千四百年前，这个穿着带补丁的破旧衣服，不屑进入帝阙的人，敢于向王侯亮出宝剑，这是一种游侠隐士才有的情怀。他会在池塘前喃喃自语般地与鱼对话，会在墓道里与惊悚的骷髅争辩，会在梦里化身为翩翩的蝴蝶，飞临他梦想超脱的自然世界，会在文章中发挥恣肆的想象，如大鹏之鸟翱翔于天际之外……这样的人生实在壮阔。

　　他又是一个真正的哲学家，他对世界的看法超出了同时代的很多人，甚至让今人为之汗颜。当他的妻子在他的臂弯中死去，他没有像一般人那样哭泣，虽然他们感情很好，虽然在几个小时之前，她还在劝告儿子要勤奋读书。庄子放下妻子，坐在中堂敲着盆大声歌唱。朋友过来吊唁，询问他："你为什么高歌？"他轻描淡写地说："我的妻子去世了。"接着，继续歌唱。

　　庄子望向天空，天上云朵不停变幻，太阳散发着自然的光芒，他知道妻子正在渐渐地融于自然，变成云，化为土，成为阳光，甚至是每天包围着他的空气。因此，他并不悲伤，也不会哭泣，正如他自己所说："人且偃然寝于巨室，而我嗷嗷然随而哭之，自以为不通乎命。"他看轻生死，他知道，妻子将从此远离穷苦和疼痛，这是她的归宿，也是所有人的归宿。因此，他要庆贺，而不是哭泣。

这便是庄子心中的哲学，也是他对宇宙和人生的基本态度。他豪迈豁达，淡泊名利，悲天悯人，对生命严肃而幽默，对道孜孜以求。他始终忠诚地对待自己，直率地对待别人。

延伸阅读

老子与《道德经》

庄子与老子的思想一脉相承，因此，读《庄子》，不能不知道老子。老子是道家的创始人，姓李，名耳，字聃，一字伯阳，是春秋时期楚国人，学识渊博，与孔子同时代，孔子曾问礼于他。老子曾担任周朝史官，后见周王室日益衰落，便辞官隐居，骑青牛，过函谷关，关令尹喜知道他是圣人，怕他一去不返，便请求他著书传世。于是，老子便写下五千余言，这就是传诵至今的《道德经》。《道德经》一书，言辞简约，内容博大，哲思玄妙。老子以深邃的智慧，探讨了宇宙的形成、自然的规律、国家的治理、身心的修养等一系列问题，提出了"道""自然""无为"等著名的哲学概念，对后世影响极深。

真题演练

一、填空题（填写出横线上面的句子）

1. 北冥有鱼，其名为鲲。_____，_____。化而为鸟，其名为鹏。_____，_____；怒而飞，其翼若垂天之云。

2. 鹏之徙于南冥也，_____，_____，去以六月息者也。

3. _____，_____，万物有成理而不说。

4. 吾生也有涯，_____。

5. 以无厚入有间，_____。

二、问答题

1. 通过阅读本书，你觉得庄子是个怎样的人？

2. 《庄子》中的寓言颇多，列举几个你记忆深刻的，谈谈你的体会。

答 案

、填空题

1. 鲲之大　不知其几千里也　鹏之背　不知其几千里也
2. 水击三千里　抟扶摇而上者九万里
3. 天地有大美而不言　四时有明法而不议
4. 而知也无涯
5. 恢恢乎其于游刃必有余地矣

、问答题

　　1. 例如：从《逍遥游》里看出庄子是个喜好自由的人。庄子虽然言语有时候刻薄，但是可以出来，他其实是个心肠很热的人。"殊死者相枕也，精杨者相推也，刑戮者相望也"就能体现这一点。（注：只要回答得清楚明白，能自圆其说就可以。）

　　2. 例如：庖丁解牛的故事让我记忆深刻。一个解牛的厨师，用一把刀薄如纸的厨刀，解了数千头牛而不伤其刃。可以看出做事情只要能掌握要领，就能做到事半功倍，游刃有余。再如，庄子宁当自由之龟的故事让我印象深刻。庄子在濮水边垂钓，楚王派人请他去做官，他头也不回地说了一个神龟的故事：楚王将一个死了三千年的神龟用布包着，珍藏在宗庙里。那这只乌龟是宁愿死后留下骨头显示尊贵呢？还是宁愿活着的时候拖着尾在泥巴里呢？庄子说他选择后者。可见他视金钱、名利如粪土的个性。（注：只要回答得清楚明白，能自圆其说就可以。）

写作出击

善于用故事说理

一代文豪鲁迅先生曾形容庄子的文章"汪洋辟阖，仪态万方。"这个论断的确有一定的道理。正因为庄子为人放达好辩，才使得他笔下的文章汪洋恣肆、想象奇诡。但想象力有先天的因素，也是个性使然，并非后天不可习得，只是收效甚微。我们不能希望人人都似庄子那般行文做事，但不妨从那些值得借鉴而又有现实意义的写作学起，比如他善于用故事的说理方式。

为什么要用说故事的方式来说理呢？我们平时写议论文的时候，如果没有事例的衬托，是不是会觉得干巴巴，毫无生气，也无法让人信服？如果在自己的论断之前加上一段与之相关的故事会怎么样呢？是不是效果会很不一样？人们首先会被故事所吸引，接着便会慢慢认同你的观点。这就是故事的魅力。不管是图画书，还是文字书，首先吸引我们的是情节。情节不仅吸引人，而且还很有说服力。所以，亲爱的读者们，你们不妨借鉴这种说理方式，让自己的议论文更加出彩。

"爱阅读"文库

首批推出

1.《红楼梦》	22.《在人间》
2.《三国演义》	23.《钢铁是怎样炼成的》
3.《水浒传》	24.《爱的教育》
4.《西游记》	25.《海底两万里》
5.《朝花夕拾·呐喊》	26.《简·爱》
6.《鲁迅杂文集》	27.《茶花女》
7.《朱自清散文》	28.《木偶奇遇记》
8.《论语通译》	29.《红与黑》
9.《孟子选注》	30.《假如给我三天光明》
10.《庄子选注》	31.《小王子》
11.《女神》	32.《八十天环游地球》
12.《茶馆》	33.《格列佛游记》
13.《骆驼祥子》	34.《昆虫记》
14.《呼兰河传》	35.《汤姆叔叔的小屋》
15.《小学生古诗文阅读》	36.《呼啸山庄》
16.《初中生古诗文阅读》	37.《少年维特之烦恼》
17.《高中生古诗文阅读》	38.《名人传》
18.《羊脂球》	39.《鲁滨孙漂流记》
19.《巴黎圣母院》	40.《莫泊桑短篇小说选》
20.《童年》	41.《傲慢与偏见》
21.《我的大学》	42.《爱丽丝漫游奇境记》

读者反馈卡

　　"爱阅读"文库作为课外阅读的必选藏书，内容广泛，知识实用，针对性强，对全面提高中小学生的语文素质、大力推进新型的学习方式具有重要作用。我们相信本套书一定能够成为中小学生的良师益友，同时我们也热忱地期盼您的反馈意见，快快写信、打电话、发邮件给我们吧！

您的信息

姓名：_____　　性别：_____　　年龄：_____

学校：_____　　班级：_____　　电话：_____

通信地址：_____

购书时间：_____

您的评价

本书的优点：_____

本书的缺点：_____

阅读本书的收获：_____

_____

您在本书中发现的错误：_____

_____

您对本书的改进建议：_____

_____

我们的联系方式

邮箱：shuxiangwenya@126.com

郑重声明

高等教育出版社依法对本书享有出版权。任何未经许可的复制、销售行为均违反《中华人民共和国著作权法》，其行为人将承担相应的民事责任和行政责任；构成犯罪的，将被依法追究刑事责任。为了维护市场秩序，保护读者的合法权益，避免读者误用盗版书造成不良后果，我社将配合行政执法部门和司法机关对违法犯罪的单位和个人进行严厉打击。社会各界人士如发现上述侵权行为，希望及时举报，本社将奖励举报有功人员。

反盗版举报电话　（010）58581999　58582371　58582488

反盗版举报传真　（010）82086060

反盗版举报邮箱　dd@hep.com.cn

通信地址　北京市西城区德外大街 4 号

　　　　　高等教育出版社法律事务与版权管理部

邮政编码　100120

防伪查询说明

用户购书后刮开封底防伪涂层，利用手机微信等软件扫描二维码，会跳转至防伪查询网页，获得所购图书详细信息。用户也可将防伪二维码下的20位密码按从左到右、从上到下的顺序发送短信至106695881280，免费查询所购图书真伪。

反盗版短信举报

编辑短信"JB，图书名称，出版社，购买地点"发送至10669588128

防伪客服电话

010）58582300